www.tredition.de

AF177036

Matthias Maier, Ulf Neumann, Marco Pomsel

Innovation für die Erwachsenenbildung?

Weiterbildung für Geringqualifizierte

www.tredition.de

© 2013 Matthias Maier, Ulf Neumann,
Marco Pomsel
Umschlaggestaltung, Illustration: Marco Pomsel
Korrektorat: Tina Aumann

Verlag: tredition GmbH, Hamburg
ISBN: 978-3-8495-7232-7
Printed in Germany

Bibliografische Information der Deutschen Nationalbibliothek:
Die Deutsche Nationalbibliothek verzeichnet diese Publikati-
on in der Deutschen Nationalbibliografie; detaillierte bibliografische Daten sind im Internet über http://dnb.d-nb.de
abrufbar.

Inhaltsverzeichnis

Tabellen- und Abbildungen

Vorwort

„Mut steht am Anfang des Handelns, Glück am Ende"

Demokrit
Griechischer Philosoph

Neue Wege zu beschreiten erfordert Mut. Dies gilt für Geringqualifizierte, die sich, trotz negativer Lernerfahrungen in der Schule, erstmals herausforderungsreichen Lernsituationen, beispielsweise in Betrieben oder Maßnahmen zur Beschäftigungsförderung stellen.

Dies gilt aber ebenso für Berater und Trainer, die sich auf ein neues Themenfeld und eine für sie weitgehend unbekannte Zielgruppe einlassen. Warum bewährte Pfade ver- und auf Experimente einlassen? Immerhin konnten wir als Trainer- und Beraterteam, spezialisiert auf die Weiterbildung von Führungskräften, bereits auf eine Reihe erfolgreicher Personal- und Organisationsentwicklungsprojekte in der Wirtschaft zurückschauen.

Das Beschreiten neuer Wege ist immer auch mit dem Risiko des Scheiterns verbunden. Ob die „Chemie" zwischen Trainer bzw. Berater und Teilnehmern stimmt, der „Funke überspringt", lässt sich nicht ohne weiteres vorhersehen. Eine

Restunsicherheit blieb also, ob die Zusammenarbeit mit formal geringqualifizierten Teilnehmern für beide Seiten als angenehm und bereichernd empfunden werden würde. Letztendlich siegten bei uns aber Neugier und die Begeisterung, sich in einem neuen Praxisfeld zu bewähren.

Ein wichtiger Kompass auf unserem Weg war die Lernberatungskonzeption nach Kemper/Klein (vgl. Kemper/Klein 1998). Der Umgang mit Teilnehmern auf Augenhöhe, die Berücksichtigung von Lerninteressen sowie Verantwortungsteilung und Teilnehmerpartizipation waren wesentliche Orientierung bei der Gestaltung der Lerneinheiten.

Das vorliegende Buch wendet sich an jene Akteure, die an der Planung, Organisation und Durchführung von Weiterbildungs- bzw. Beratungsprozessen für formal Geringqualifizierte beteiligt sind.

Die Monographie soll aber nicht als Leitfaden missverstanden werden, dem man nur kleinschrittig zu folgen braucht, um Bildungsmaßnahmen für die angesprochene Zielgruppe adäquat zu realisieren. Anspruch sollte es vielmehr sein, in Abhängigkeit von den Kompetenzen, Lernpräferenzen und Zielen der Teilnehmer ein spezifisches Lernsetting zu entwickeln. Wir wollen gerade für diesen Prozess eine Vorgehensweise beschreiben, die für die Zielgruppe der Geringqualifizierten in unterschiedlichen Kontexten anwendbar und nach unserer Ansicht gut geeignet ist.

Unser Ziel ist es, Dozenten und Koordinatoren aus Bildungseinrichtungen, Mitarbeitern der öffentlichen Verwaltung sowie Akteuren aus Politik und Wissenschaft Anregungen für ihre Arbeit zu geben. Darüber hinaus wollen wir Mut machen, auch für die Zielgruppe der formal Geringqualifizierten neue Wege zu erproben und bei positiven Effekten entsprechende Vorgehensweisen zu institutionalisieren.

Auch in unserer Arbeit gab es Situationen der Irritation und Unzufriedenheit. Die Möglichkeit diese offen anzusprechen bzw. gegenüber den weiteren Projektbeteiligten transparent zu machen, war eine wichtige Voraussetzung im eigenen Lernprozess echte Fortschritte zu erzielen.

Das diesem Buch zugrunde liegende Vorhaben wurde mit Mitteln des Bundesministeriums für Bildung und Forschung unter dem Förderkennzeichen 01AB072102 (GiWA Grundbildung in Wirtschaft und Arbeit – mehrperspektivisch) gefördert.

Danken möchten wir unseren Kollegen und Projektpartnern, insbesondere Karin Behlke, Dr. Roland Drubig, Rosemarie Klein, Dr. Gerhard Reutter, Tim Stanik und Dieter Zisensis, für die Hinweise sowie hilfreichen Diskussionen bei der Realisierung der Praxisprojekte bzw. der Erstellung der Texte.

Ein besonderer Dank gebührt unseren Familien. Wir haben euer Verständnis und eure Unterstützung als großes Glück empfunden.

Dresden im August 2013

Matthias Maier
Ulf Neumann
Marco Pomsel

1. Stagnation und neue Konzepte? - Eine Einführung

Die demographische Entwicklung sowie die wachsenden Anforderungen an sogenannten Einfacharbeitsplätzen lassen einen Anstieg der Weiterbildungsbeteiligung von Geringqualifizierten in der Zukunft erwarten. Entgegen dem zuvor prognostizierten Trend ist die Bildungsbeteiligung der Geringqualifizierten in den letzten Jahren aber auf niedrigem Niveau verblieben. Das in der benannten Zielgruppe bestehende Arbeitskräftepotential wird so nur in unbefriedigendem Umfang genutzt.

1.1. Annäherung an die Zielgruppe

Mit dem Begriff „Geringqualifizierte" werden entsprechend der Definition der Bundesagentur für Arbeit Personen zusammengefasst, die nicht über einen Berufsabschluss verfügen oder seit mindestens 4 Jahren in einer an- bzw. ungelernten Tätigkeit berufsfremd arbeiten (vgl. Bundesagentur für Arbeit 2008). Der Anteil der Geringqualifizierten an allen Beschäftigten ist durchaus erheblich. So stellt diese Gruppe ca. 15% aller Erwerbstätigen dar. Allerdings ist ein abnehmender Trend zu beobachten. In den 1980er Jahren betrug der Anteil noch 30%. Die folgende Tabelle zeigt die Entwicklung seit 1995 (vgl. Hierming u.a. 2005).

Tabelle 1: Qualifikation von sozialversicherungs-pflichtig Beschäftigten in Deutschland

Qualifikation	1995	1999	2002
Ohne Ausbildung	16,3%	15,2%	14,8%
Mit Ausbildung	74,9%	75,1%	74,7%
Hochschulabschluss	8,7%	9,7%	10,6%

Die Arbeitslosenquote bei Geringqualifizierten ist überdurchschnittlich hoch. Auch die Entwicklung der letzten Jahre gibt wenig Anlass zur Hoffnung auf Besserung. Allein im Zeitraum von 2004 bis 2005 stieg die Quote von 22% auf 26%. Zum Vergleich: 2005 lag die Arbeitslosenquote bei Personen mit einer abgeschlossenen Berufsausbildung bei ca. 9,7%.

1.2. Einsatzfelder und Anforderungsprofil

Die meisten Geringqualifizierten sind im Bereich einfacher Arbeit tätig. Dabei ist aber zu beachten, dass einfache Tätigkeiten nicht ausschließlich von Geringqualifizierten ausgeübt werden. Zum Teil werden auch formal überqualifizierte Personen für solche Aufgaben eingesetzt (vgl. Bellmann/Stegmaier 2007). Die konkreten Einsatzfelder, in denen Geringqualifizierte vorrangig arbeiten, haben sich in den letzten Jahrzehnten nur geringfügig verändert.

Die folgende Tabelle zeigt die Rangfolge der wichtigsten Einsatzgebiete (vgl. Hierming u.a. 2005).

Tabelle 2: Einsatzfelder von Geringqualifizierten in Unternehmen (Rangfolge)

Einsatzbereiche	1995	1999	2002	Trend
Raum-/Hausratreiniger	1	1	1	=
Lager/Transport	3	3	2	+
Bürofachkraft	2	2	3	?
Hilfsarbeiter o. n. A.	10	5	4	+
Kraftfahrzeugführer	4	4	5	-
Verkäufer	8	7	6	?
Koch	5	6	7	?
Metallarbeiter o. n. A.	6	8	8	-
Warenaufmacher	7	9	9	-
Kunststoffverarbeiter	12	11	10	+

Mehr als ein Drittel aller Geringqualifizierten sind im produzierenden Gewerbe zu finden. Hierbei ist allerdings zu beachten, dass der Anteil in den 1980er Jahren noch bei über 50% lag. Insgesamt ergibt sich eine ähnliche Entwicklung wie bei formal besser qualifizierten Personen, also eine Tendenz hin zum Dienstleistungssektor (vgl. Hierming u.a. 2005).

Die Anforderungen an Geringqualifizierte im Bereich einfacher Tätigkeiten sind in den letzten zwei Jahrzehnten stark gestiegen. Zuvor war die Arbeitsplatzsituation primär durch Standardisierung und kurze Taktzeiten geprägt. Bei der Arbeit der Geringqualifizierten kam es vor allem auf eine dauerhaft hohe Konzentration an, um die Tätigkeit mit gleichbleibend hoher Präzision auszuführen (vgl. Clement 2007). Intellektuell wurden die Beschäftigten bei einfacher Arbeit kaum gefordert. Es handelte sich größtenteils um „unselbstständige, eindimensionale und isolierte Ausführung sich stetig wiederholender Arbeitshandlungen" (Jäger/Kohl 2009). Im Zuge der Globalisierung bzw. durch wachsende Konkurrenz hat ein wesentlicher Teil der Unternehmen die eigenen Arbeitsabläufe reorganisiert, um diese flexibler zu gestalten und zu beschleunigen. Im Zuge dieser Neuordnung haben sich auch die Profile der einzelnen Arbeitsplätze grundlegend verändert. Die tayloristische Struktur von Einzelarbeitsplätzen ist einem komplexen und prozessorientierten Aufbau gewichen (vgl. Jäger/Kohl 2009).

Durch die organisatorischen Veränderungen ist einfache Arbeit fachlich anspruchsvoller geworden, wobei das Niveau nach wie vor unter dem eines Facharbeiters liegt. Der gestiegene Anspruch ist dabei weniger auf eine inhaltliche Vertiefung, als vielmehr auf die breiter werdenden Tätigkeitsbereiche zurückzuführen. Dieser Trend manifestiert sich durch job rotation und job enlargement. Anwendungsorientiertes Wissen steht dabei im Vordergrund, übergeordnete Kenntnisse spielen eine untergeordnete Rolle (vgl. Zeller 2004).

Deutlich anspruchsvoller sind die Tätigkeiten im Hinblick auf das Kriterium der Prozessorientierung geworden. Auch von geringqualifizierten Mitarbeitern wird erwartet, dass sie für die Qualität und Durchführung ihrer Aufgabe Verantwortung übernehmen. Gestiegen ist darüber hinaus die Relevanz der Kommunikation mit Kollegen und Vorgesetzten. Hierbei ist es erforderlich, dass Informationen auch auf EDV-Basis ausgetauscht werden können (vgl. Zeller 2004).

1.3. Bildungsbeteiligung von Geringqualifizierten

Trotz wachsender Anforderungen im Tätigkeitsbereich der Geringqualifizierten in den letzten Jahren hat sich deren Beteiligung an betrieblichen Weiterbildungsmaßnahmen kaum erhöht. Im Vergleich zu Personen mit Hochschulabschluss nehmen Geringqualifizierte nur halb so oft an Weiterbildungsaktivitäten von Unternehmen teil (vgl. Autorengruppe Bildungsberichterstattung 2012).

Brandt (2008) hat mit Hilfe einer Betriebsbefragung Gründe erhoben, die aus Sicht der Personalverantwortlichen gegen die Weiterbildung von Geringqualifizierte sprechen. Der Autor hat dabei die Situation in zwei Städten, Vechta und Goslar, sowie deren Umgebung untersucht. Die Ergebnisse sind in der folgenden Tabelle enthalten (vgl. Brandt 2008).

Tabelle 3: Gründe, welche gegen die Weiterbildung für un- und angelernte Mitarbeiter sprechen (Zustimmung in %, Mehrfachnennungen möglich)

Gründe	Goslar (n=31)	Vechta (n=46)
Grundsätzl. keine Förderung	9,7%	21,7%
Qualifikation ist ausreichend	45,2%	41,3%
Keine finanziellen Mittel	35,5%	13,0%
Freistellung nicht möglich	35,5%	32,6%
Zu hoher Aufwand	3,2%	15,2%
Fehlende Angebote	19,4%	19,6%
Fehlendes Mitarbeiterinteresse	41,9%	19,6%
Überforderung d. Mitarbeiter	12,9%	8,7%
Neueinstellung bei Defiziten	3,2%	0,0%
Sonstige	6,5%	6,5%

Entsprechend diesen Ergebnissen ist das geringe Engagement einiger Unternehmen bei der Weiterbildung von Geringqualifizierten darauf zurückzuführen, dass diese weder einen betrieblichen Bedarf noch ein Interesse bei den Betroffenen wahrnehmen. Darüber hinaus spielen die finanziellen sowie zeitlichen Belastungen im Kontext von Weiterbildungen für die Zielgruppe eine wesentliche Rolle (vgl. Brandt 2008).

Unberücksichtigt bleibt, inwieweit die genannten Gründe miteinander im Zusammenhang stehen. Interessant ist dies vor dem Hintergrund, dass immerhin ca. 20 % der befragten Personalverantwortlichen an den jeweiligen Standorten „fehlende Angebote" als kritischen Aspekt ausmachen. Die Angaben bezüglich des fehlendes Mitarbeiterinteresses sowie des hohen organisatorischen, zeitlichen und finanziellen Aufwands können ebenfalls als Hinweise aufgefasst werden, dass die zum Zeitpunkt der Befragung vorhandenen Angebote weder den Bedingungen in den Unternehmen noch den Anforderungen der Zielgruppe entsprachen.

1.4. Entwicklung innovativer Ansätze

Die Ergebnisse der zuvor vorgestellten Studie machen deutlich, dass weiterhin ein hoher Entwicklungsbedarf bei der Konzeption und Durchführung von Weiterbildungsmaßnahmen für die Zielgruppe der Geringqualifizierten besteht. Im Rahmen eines vom Bundesministerium für Bildung und Forschung (BMBF) geförderten Pilotprojektes hatten die Autoren im Rahmen ihrer Tätigkeit als Trainer und Berater die Möglichkeit, Bildungs- bzw. Beratungsangebote mit dem Fokus auf die Zielgruppe der sogenannten Gering- bzw. Niedrigqualifizierten zu entwickeln, zu erproben sowie deren Wirkung zu untersuchen. Das Projekt wurde innerhalb der bsw-Beratung, Service & Weiterbildung GmbH, Gruppe Bildungswerk der sächsischen Wirtschaft, realisiert.

Ziel des angesprochenen Projektes „AlphaKU - Neue Beschäftigungsperspektiven für Niedrigqualifizierte durch Grundbildung und Alphabetisierung" war es, dem angesprochenen Personenkreis durch die Schaffung stabiler und auf ihre Situation zugeschnittener Bildungsleistungen und Strukturen den Erwerb notwendiger Grundkompetenzen zu ermöglichen. Dabei sollte der Schwerpunkt auf der Ermöglichung und Untersuchung verschiedener Motivierungs- und Beratungsmöglichkeiten für die Zielgruppe der beschäftigten bzw. beschäftigungsnahen Personen mit geringer Grundbildung liegen. Darüber hinaus sollte ein Beitrag zur Erhöhung der Beschäftigungsfähigkeit sowie der Integration der beschriebenen Zielgruppe in den sich dynamisch verändernden Arbeitsmarkt geleistet werden (vgl. Maier/Neumann/Pomsel 2006).

Ausgerichtet an den Vorgaben des vom Bundesministerium für Bildung und Forschung (BMBF) im Rahmen des Programms zur Förderung von Forschungs- und Entwicklungsvorhaben im Bereich „Alphabetisierung/Grundbildung für Erwachsene" sollten mit dem Projekt vier übergeordnete Zielstellungen umfassend bearbeitet werden (vgl. Maier/Neumann/Pomsel 2006).

In Kooperation mit einer wissenschaftlichen Institution, dem bbb-Büro für berufliche Bildungsplanung, sollte ein Beitrag zur Verbesserung des Forschungsstandes im Bereich der „Alphabetisierung und Grundbildung" geleistet werden. Es galt Erkenntnisse zu gewinnen, um vorhandene Strukturen sowie Motivierungs- und Lernmöglichkeiten zu verbessern und die Beteiligung von Geringqualifizierten an nachholender Bildung zu erhöhen. Weiterhin sollten mit dem Projekt die Professionalisierung der Weiterbildner in der Grundbildungsarbeit vorangetrieben bzw. entsprechende Erkenntnisse gewonnen werden. Hierbei sollte auch die Effizienz vorhandener Unterstützungs- bzw. Beratungsangebote anhand von Praxisfällen überprüft und verbessert werden. Darüber hinaus wollte das Projekt die Vernetzung wesentlicher Akteure der arbeitsplatznahen Grundbildungsarbeit aus Wirtschaft, Bildung und Gesellschaft vorantreiben. Insgesamt sollte das Projekt einen wesentlichen Beitrag zur nationalen Umsetzung der Weltalphabetisierungsdekade leisten, also die Aneignung einer soliden Grundbildung in der Zielgruppe gewährleisten und damit deren Beschäftigungsfähigkeit, Mitwirkung an gesellschaftlicher Entwicklung und Fähigkeit zum lebenslangen Lernen erhöhen.

1.5. Projektkontexte und inhaltliche Gliederung

Um mit dem Projekt möglichst umfassend auf die Weiterbildungssituation von Geringqualifizierten einzugehen, wurden drei Kontexte zur weiteren Untersuchung ausgewählt:

Training-on-the-Job: Beratung und Weiterbildung von Geringqualifizierten in mittelständischen Unternehmen

Training-out-of-the-Job: Beratung und Weiterbildung von Geringqualifizierten in Transfergesellschaften

Training-into-the-Job: Beratung und Weiterbildung von geringqualifizierten in Arbeitsgelegenheiten mit Mehraufwandentschädigung (AGH-MAE), also in sogenannten „Ein-Euro-Jobs"

Die inhaltliche Gliederung der vorliegenden Monographie orientiert sich an der zuvor vorgestellten Struktur der Projektkontexte. Wobei je nach Praxisfeld spezifische inhaltliche Schwerpunkte festgelegt wurden.

Der erste Teil der Monographie widmet sich der Betrachtung der Weiterbildungssituation von Geringqualifizierten in einem mittelständischen Unternehmen. In Zusammenarbeit mit einem Automobilzulieferer sollten für die geringqualifizierten Mitarbeiter Weiterbildungsangebote entwickelt und durchgeführt werden. Hierbei wurde insbesondere die Gelingensbedingungen sowie die Anforderungen an Berater bzw. Trainer in entsprechenden Vorhaben beleuchtet.

Im zweiten Teil wird die Situation von Geringqualifizierten im Beschäftigungstransfer untersucht. Anhand eines Praxisbeispiels im Rahmen einer Transfergesellschaft werden wesentliche Gestaltungselemente dargestellt, welche den Anforderungen der Zielgruppe entsprechen, aber auch den institutionellen Rahmenbedingungen beim Transfer in eine neue Beschäftigung gerecht werden.

Im dritten Teil wird auf Beratungs- und Bildungsmaßnahmen im Rahmen von Arbeitsgelegenheiten mit Mehraufwandentschädigung eingegangen. Auch hier stand die zielgruppenorientierte Entwicklung und Durchführung eines konkreten Vorhabens, unter Berücksichtigung des organisatorischen Kontextes, im Zentrum. Schwerpunkte der Beschreibung bilden dabei sowohl Gestaltungsempfehlungen als auch erhobene Effekte und Wirkungen entsprechender Maßnahmen sowie Rollen von pädagogischem Personal.

1.6. Resonanz und innovatives Potential

Inwieweit den in dieser Monographie dargestellten Vorgehensweisen tatsächlich ein innovativer Charakter innewohnt, sollten nicht jene beurteilen, welche die Projekte entwickelten und durchführten. Die eigene Arbeit realistisch zu beurteilen fällt schwer, wenn in einem Zeitraum von über fünf Jahren viele Ideen, Energie und auch Herzblut in ein Projekt investiert wurden.

Um von anderer Seite eine Einschätzung zu erhalten, haben die Autoren sich schon relativ früh bemüht, eine Rückmeldung zu dem Forschungs- und Gestaltungsprojekt bzw. seinen Ergebnissen zu erhalten.

Eine erste positive Resonanz erfuhren die Autoren durch die Aufnahme des Praxisprojekts in ein von der Universität Florenz, dem Deutschen Institut für Erwachsenenbildung (DIE) sowie dem Rumänischen Institut für Erwachsenenbildung (IREA) erstellten Bestandsverzeichnis zur Dokumentation von Good-Practice-Ansätzen. In dem angesprochenen Inventar sind bewährte Projekte dargestellt, welche Beschäftigte dabei unterstützen, ein höheres Qualifikationsniveau zu erreichen (vgl. Pomsel 2009).

Darüber hinaus wurden die Autoren im Rahmen des Leonardo-Innovationstransferprojektes „BAGru - Berufs- und arbeitsnahe Grundbildungskonzepte und -tools für Gruppen mit besonderen Schwierigkeiten auf dem Arbeitsmarkt" als Transferpartner benannt. Hintergrund des Projektes BAGru waren die in den vergangenen Jahren deutlich gesunkenen Beschäftigungschancen von formal Geringqualifizierten in Europa. Sowohl im Rahmen der beruflichen Bildung für sozial benachteiligte und lernschwache Jugendliche als auch bei der Weiterbildung von Geringqualifizierten wurde deshalb europaweit ein hoher Bedarf identifiziert, arbeitsnah realisierte Lernsettings zu entwickeln. Ziel von BAGru war es, einen Wissenstransfer zwischen europäischen Bildungseinrichtungen bezüglich der Weiterbildung von Geringqualifizierten zu realisieren. Die Autoren konnten hierbei ihre Erfahrungen an Akteure aus Deutschland,

Schweden, Österreich, Slowenien und Frankreich weitergeben (vgl. Kronika/Zisenis 2011).

Eine besondere Anerkennung erhielten die Autoren mit der Verleihung des Preises für Innovation in der Erwachsenenbildung in der Kategorie „Arbeits- und Lebenswelt" durch das Deutsche Institut für Erwachsenenbildung - Leibniz-Zentrum für Lebenslanges Lernen e.V. (DIE).

Im Rahmen der Preisverleihung fasste Prof. Dr. Henning Pätzold vom Institut für Pädagogik der Universität Koblenz-Landau in seiner Laudatio den innovativen Gehalt des Gestaltungsprojektes zusammen. Hervorgehoben wurde von ihm dabei zunächst, dass die Autoren in ihren Beratungs- und Bildungsmaßnahmen die Geringqualifizierten nicht als homogene Gruppe von Defizitträgern auffassen, sondern der individuellen Begleitung einen besonderen Raum geben. Dies betrifft sowohl die Entwicklung von individuellen Zielen als auch die dialogische Bilanzierung der Teilnehmerkompetenzen. Erwähnenswert findet der Laudator außerdem, dass die Teilnehmer in die Gestaltung der Weiterbildungsmaßnahmen aktiv einbezogen werden. Bildungsinhalte werden dabei in der Teilnehmergruppe abgestimmt und vermittelt: Gleichzeitig wird die individuelle Prozessbegleitung aber aufrechterhalten. Das innovative Potential besteht also darin, Kurse für die Zielgruppe in ein „Lehr-Lern-Programm" zu verwandeln, in das sich die individuellen Lernprojekte der Teilnehmer einfügen können (vgl. Pätzold 2011). Eine entsprechende Gestaltung hilft, das Lerninteresse der Teilnehmer zu wecken und Lernmotivation zu erhalten.

Am Ende soll es aber dem Leser überlassen bleiben, die vorliegenden Beschreibungen auf ihren Innovationsgehalt zu überprüfen und sich für die eigene Praxis anregen zu lassen oder Bestätigung zu erfahren.

2. Betriebliche Personalentwicklung für Geringqualifizierte

Das Absinken des Erwerbspersonenpotentials sowie der rasante technologische Wandel stellen die Unternehmen vor enorme Herausforderungen. Vor diesem Hintergrund wäre ein Ansteigen der Weiterbildungsbeteiligung von Geringqualifizierten in Unternehmen zu erwarten (vgl. Klein 2009). Getrübt wird die beschriebene Erwartungshaltung dadurch, dass weiterhin Geringqualifizierte deutlich weniger an betrieblicher Weiterbildung partizipieren als höher Qualifizierte (vgl. Käpplinger 2009). Im Mittelpunkt des folgenden Beitrags steht der Aushandlungsprozess mit den Führungskräften eines mittelständischen Unternehmens zur Konzeption und Durchführung von Weiterbildungsmaßnahmen für Geringqualifizierte. Hierbei werden Erfahrungen aus der Perspektive der beteiligten Berater dargestellt. Hieraus werden Erfolgsbedingungen für die Entwicklung entsprechender Maßnahmen sowie Anforderungen und Rollenerwartungen an die beteiligten Projektmitarbeiter abgleitet. Den inhaltlichen Abschluss bilden Hinweise zur konzeptionellen und methodischen Gestaltung von Bildungsmaßnahmen für Geringqualifizierte in Unternehmen.

2.1. Praxisprojekt: Training-on-the-Job

Auch wenn sich Arbeitslosigkeit und Arbeitsplatzunsicherheit in Deutschland primär als Probleme der Geringqualifizierten darstellen, darf nicht vergessen werden, dass ein relevanter Anteil der angesprochenen Bevölkerungsgruppe in „normalen", sozialversicherungspflichtigen Arbeitsverhältnissen beschäftigt ist (vgl. Kalina/Weinkopf 2005). Gerade dieses Beschäftigungssegment scheint prädestiniert, den erwarteten Mangel an Fachkräften in den Unternehmen zu kompensieren.

Im Rahmen eines Pilotprojektes zur Weiterbildung von Geringqualifizierten sollte gemeinsam mit einem sächsischen Unternehmen der Automobilzuliefererindustrie ein Konzept zur Entwicklung dieses Beschäftigungssegments konzipiert und umgesetzt werden. Der Betrieb wurde Mitte der 90er Jahre gegründet und wuchs bezüglich der Mitarbeiterzahl bis zum Jahr 2008 kontinuierlich. Die Automobilkrise führte im Unternehmen zu einer vorübergehenden Reduzierung der Produktionskapazitäten, verbunden mit dem Abbau von Arbeitsplätzen im Bereich der Zeitarbeitskräfte. Die Zahl der im Unternehmen fest angestellten Mitarbeiter blieb trotz der ökonomischen Verwerfungen aber konstant.

Der Geschäftsführer ist gleichzeitig alleiniger Gesellschafter des Unternehmens und Leiter des Vertriebsbereichs. Für die Steuerung der Produktion bzw. der zugeordneten Funktionen Technik, Qualitätssicherung (QS) und Lager ist der Produktionsleiter zuständig. Die Struktur bzw. Organisation des Unternehmens kann dem dargestellten Organigramm (Abbildung 1) entnommen werden.

Geringqualifizierte sind innerhalb des Unternehmens primär in der Produktion und im Lager tätig. Die Mitarbeiter dieser Bereiche verfügen zum überwiegenden Teil über die mittlere Reife bzw. einen tätigkeitsfremden Berufsabschluss. Unter anderem sind in der Produktion gelernte Maurer, Maler und Bäcker vertreten. Ein Großteil der Produktions- und Lagermitarbeiter kann, entsprechend der Definition der Bundesagentur für Arbeit, dem Segment der Geringqualifizierten zugeordnet werden. Viele der Beschäftigten dieser Bereiche arbeiten seit mindestens 4 Jahren berufsfremd, in einer an- bzw. ungelernten Tätigkeit, üben ihren erlernten Beruf also nicht mehr aus (vgl. Bundesagentur für Arbeit 2008).

Der Produktionsprozess ist durch den folgenden Ablauf gekennzeichnet:

- Transport der zu beschichtenden Teile vom Außenlager in die Produktion

- Auspacken und Reinigen der Teile

- Sortieren der Teile auf Metallgestelle

- Aufbringen der Beschichtung durch Roboter/ Trocknung

- Abnehmen der Teile vom Metallgestell

- Qualitätskontrolle und Verpacken der Teile

- Abtransport der fertigen Teile direkt an Kunden oder in das Außenlager

Das Aufbringen der Beschichtung auf die Teile erfolgt automatisch. Alle vor- bzw. nachgelagerten Tätigkeiten werden von den Produktions- und Lagerkräften erbracht. Der beschriebene Ablauf erfordert von den Beschäftigten im Arbeitsalltag nur ein geringes Maß an beruflichen Fachkenntnissen. Die Arbeit wird überwiegend im Stehen verrichtet und ist mit einer vergleichsweise großen körperlichen Belastung verbunden. Eine geschäftliche Beziehung zu dem dargestellten Unternehmen bestand bereits seit 2005. Seit 2007 führten die Autoren eine Weiterbildungsreihe für die mittleren Führungskräfte sowie die Schichtleiter des Unternehmens durch. Der bestehende Kontakt, die bereits erfolgreich realisierten Qualifizierungen und das daraus resultierende Vertrauen erwiesen sich dabei als eine wichtige Voraussetzung, Grundbildung im Unternehmen überhaupt thematisieren und anbieten zu können.

Abbildung 1: Organigramm des Unternehmens

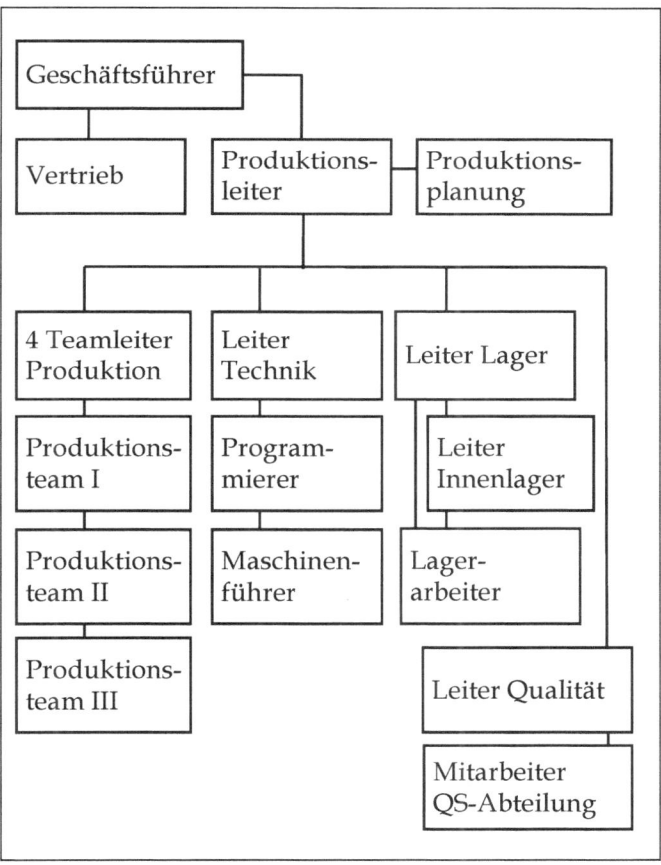

2.2. Entwicklung von Lernbedarfen im Betrieb

Dem Produktionsleiter des Unternehmens wurde Ende 2007 die Zielstellung des geplanten Gestaltungsprojektes vorgestellt. Die Reaktion war außerordentlich positiv und es wurde zum weiteren Vorgehen vereinbart, dass zunächst die Schichtleiter potentielle Lernbedarfe der Mitarbeiter beschreiben sollten. Man wollte so den Eindruck verhindern, die Weiterbildungsaktivitäten wären einseitig von der Produktionsleitung eingebracht und gesteuert.

Im Rahmen einer entsprechenden Gesprächsrunde wurden von den Schichtleitern folgende Entwicklungsfelder bzw. Lernbedarfe der Produktionsmitarbeiter benannt:

- Führerschein für Gabelstapler (für Mitarbeiter im Innenlager)

- Unternehmensbereiche kennen lernen - Betriebsexkursion

- Rechnen – Einmaleins

- Fehlererkennung im Rahmen der Qualitätskontrolle

- Lesen und Konzentrationsfähigkeit

Parallel wurden die Beschäftigten aus Produktion und Lager von ihren direkten Führungskräften bezüglich ihrer Weiterbildungswünsche befragt. Besonders großes Interesse bestand bei den Produktionsmitarbeitern an der Durchführung eines Grundkurses Englisch.

Bereits die Ermittlung von potentiellen Lernbedarfen durch die Schichtleiter sowie die Klärung von Lerninteressen wurde mit großer Verzögerung realisiert. Ursächlich dafür mag gewesen sein, dass das Unternehmen ab dem Frühjahr 2008 eine besonders hohe Produktionsauslastung, verbunden mit der Einstellung von weiteren Zeitarbeitskräften für die Produktion hatte. Nun standen nicht mehr die Schulung des vorhandenen Personals, sondern zunächst die Integration der neuen Arbeitskräfte sowie die Absicherung der Produktionstätigkeit des Unternehmens im Mittelpunkt der Aktivitäten. Erst die sich verschärfende Wirtschaftskrise ab Ende 2008 und der damit verbundene Auftragsrückgang im Automobilbereich ließen eine Weiterbildung wieder als relevant erscheinen. Förderlich für die Wiederaufnahme der Gespräche waren hier insbesondere die im Rahmen der Wirtschaftskrise ausgeweiteten Möglichkeiten für Unternehmen, während der Inanspruchnahme von Kurzarbeit, kostengünstige Weiterbildung durchführen zu können.

Geschäftsführung und Produktionsleitung entschieden sich aber letztendlich gegen eine Realisierung der Weiterbildung. Einerseits war die Auslastung der Produktion immer noch so hoch, dass die umfängliche Beantragung von Kurzarbeit keine relevante Option zu sein schien. Andererseits waren die weiteren Geschäftsaussichten so unsicher, dass, wegen der unklaren Rendite, von der Investition in die Produktionsmitarbeiter prinzipiell abgesehen wurde.

Die angespannte wirtschaftliche Lage des Unternehmens und die Ungewissheit zur weiteren Entwicklung ließen sich auch daran ablesen, dass die Zahl von Zeitarbeitskräften Anfang 2009 stark reduziert wurde. Erst ab Herbst 2009 konnte aufgrund der stabileren wirtschaftlichen Lage der Aushandlungsprozess wieder aufgenommen werden. Von vornherein schlossen Geschäfts- bzw. Produktionsleitung dabei die Durchführung einer Weiterbildung mit reinen Grundbildungsinhalten wie Lesen, Schreiben oder Rechnen aus.

Zur Begründung wurde auf die Gefahr der Stigmatisierung einzelner Mitarbeiter verwiesen. Man befürchtete große Leistungsunterschiede zwischen den Mitarbeitern, ein Vorführen bzw. Ausgrenzen insbesondere der Leistungsschwächeren und in der Folge dessen eine negative Beeinträchtigung der Zusammenarbeit und des Umgangs miteinander.

2.3. Betriebliche Weiterbildungsangebote

Gemeinsam wurde die Idee entwickelt, als Methode zur Festigung der Lese- bzw. Rechenkompetenzen ein **betriebswirtschaftliches Planspiel** zu nutzen. Eine solche Weiterbildung hatten die Führungskräfte des Unternehmens bereits im Januar 2009 absolviert. Im Rahmen eines entsprechenden Planspiels werden die betriebswirtschaftlichen Prozesse innerhalb eines Unternehmens mit Hilfe eines Brettspiels modellhaft dargestellt.

Die Teilnehmer lernen damit unternehmensinterne Zusammenhänge sowie interne und externe Einflussfaktoren auf den Unternehmenserfolg kennen. Darüber hinaus sind zur Simulation der Geschäftsprozesse aber auch das verstehende Lesen, beispielsweise von Ereigniskarten, und der Umgang mit Zahlen notwendig. Als Nutzenerwartungen wurden von der Produktionsleitung in Bezug auf das betriebswirtschaftliche Planspiel allerdings eher abstrakte Aspekte, wie das Kennen des eigenen Einflusses auf den Unternehmenserfolg, das Wissen um die Verbindung bzw. Schnittstellen zwischen unterschiedlichen Unternehmensbereichen sowie das Trainieren von Rechen- und Konzentrationsfähigkeit, genannt.

Im Rahmen der Abfrage von Lerninteressen durch die Schichtleiter hatten sich die Produktionsmitarbeiter für einen **Englischkurs** interessiert. Die Relevanz des Kurses aus Sicht der Geschäftsleitung resultierte aus einer ähnlichen Bedarfslage bei den Führungskräften und Fachkräften aus Produktionsplanung, Qualitätssicherung und Technik.

Durch einen Englischkurs sollten die angesprochenen Beschäftigtengruppen sicherer in der

Kommunikation und im Umgang mit internationalen Kunden bzw. Zulieferern werden. Für die Produktionsmitarbeiter bestand hingegen keine auf die betriebliche Tätigkeit direkt bezogene Zielstellung. Vielmehr verstand die Geschäfts- und Produktionsleitung die Organisation des Kurses als Geste der Wertschätzung gegenüber diesem Mitarbeitersegment. In Abhängigkeit von den bereits bestehenden Sprachkenntnissen sollten die Teilnehmer einem Grund- bzw. Aufbaukurs zugeordnet werden. Die Zugehörigkeit zum jeweiligen Beschäftigtensegment sollte keine Rolle spielen. Auch ein Wechsel zwischen den Kursen sollte ermöglicht werden.

Trotz der konzeptionellen Schärfung wurden sowohl das betriebswirtschaftliche Planspiel, als auch der Englischkurs in der Organisationsphase von Seiten der Unternehmensführung abgesagt. Zur Begründung wurde auf das ungünstige Verhältnis zwischen Organisationsaufwand und betrieblichem Nutzen verwiesen. Hierbei ist zu berücksichtigen, dass Anfang 2010 die Nachfrage im Automobilbereich wieder rasant anzog und die Auslastung des Unternehmens entsprechend hoch war.

Alternativ wurde von der Produktionsleitung die Durchführung eines **Microsoft-Excel-Kurses** für Mitarbeiter aus dem Bereich Lager und Logistik angeregt. Die Initiative resultierte aus der betrieblichen Situation, dass ein Teil der Mitarbeiter bisher kaum oder gar nicht mit dem angesprochenen Tabellenkalkulationsprogramm arbeitete, diese Software aber gleichzeitig als wesentlichstes Verwaltungs- und Dokumentationsinstrument im Lager genutzt wurde. Um den unterschiedlichen Anwenderniveaus gerecht zu werden, wurden wiederum zwei Mitarbeitergruppen gebildet.

In einem Grundkurs wurden zunächst die Lagermitarbeiter ohne Vorkenntnisse innerhalb von zwei Tagen mit dem Programm vertraut gemacht. Danach mündete der Grundkurs in einen Aufbaukurs von insgesamt drei Tagen, in denen nun auch jene Mitarbeiter mit Vorkenntnissen integriert wurden. Während am Grundkurs drei Mitarbeiter teilnahmen, wurde der Aufbaukurs mit zehn Beschäftigten durchgeführt. Der vergleichsweise kurze Kurs wurde von den Autoren organisiert und begleitet. Die Unterrichtseinheiten führte ein auf das Fachthema spezialisierter EDV-Dozent durch.

2.4. Erfolgsbedingungen für Aushandlung und Durchführung

Von der ersten Interessenbekundung bis zur Entscheidung für die Durchführung einer Weiterbildungsmaßnahme vergingen fast zwei Jahre, also ein vergleichsweise langer Zeitraum. Vor dem Hintergrund der Erfahrungen soll nun beschrieben werden, welche Bedingungen zum langen Aushandlungs- und Entscheidungsprozess bzw. letztendlich zur Entscheidung für die Durchführung der Weiterbildung beigetragen haben.

Stakeholder einbinden: Ein wesentlicher Aspekt bei der Aushandlung und Durchführung von Weiterbildungsmaßnahmen für die Zielgruppe ist die Einbindung wesentlicher Interessenträger und Beteiligter. Hierzu sind unter anderem die direkten Führungskräfte der Mitarbeiter, aber auch das mittlere Management und der Geschäftsführer zu nennen. Die Genannten sollten im Prozess der Bedarfsentwicklung sowie Gestaltung der Weiterbildung partizipieren und dabei eigene Weiterbildungserfahrungen einbringen können. Schon zu einem sehr frühen Zeitpunkt können so Vorbehalte gegen entsprechende Aktivitäten zerstreut werden.

Operativer betrieblicher Nutzen: Eine wesentliche Rolle für die Entscheidung für oder gegen eine Weiterbildungsmaßnahme für Geringqualifizierte spielt die Erwartung eines konkreten betrieblichen Nutzens. Gerade Geringqualifizierten scheint es von entscheidender Bedeutung, die Qualifizierung mit einem konkreten und kurzfristig spürbaren Nutzen für das Unternehmen in Verbindung zu bringen. Hier liegt nach unserer Einschätzung auch ein wesentlicher Unterschied zu anderen betrieblichen Zielgruppen. Im Falle des Microsoft-

Excel-Kurses wurde eine sichere und zuverlässige Bedienung der Software durch die Lagerarbeiter sowie eine Bearbeitung komplexerer Problemstellungen, wie die automatische Aktualisierung und Kontrolle des Lagerbestands, angestrebt. Mit der Maßnahme sollten Störungen im Produktionsprozess, die aus einer fehlenden Bereitstellung von Material resultieren, verhindert werden. Bezüglich des Planspiels und des Englischkurses bestand eine solche, konkrete Erwartung nicht. Gleichzeitig erhöht die stark operativ orientierte Nutzenerwartung aber auch den Druck auf die Geringqualifizierten. Ist nach der Weiterbildung der gewünschte Effekt nicht erkennbar, stellt dies wahrscheinlich weitere Qualifizierungen für die Zielgruppe in Frage.

Stabilität im Beschäftigtensegment: Eine weitere wichtige Bedingung für die Durchführung ist eine vergleichsweise große Stabilität in der Belegschaft. In Zeiten von Personalauf- oder Personalabbau scheint die Weiterbildung der Produktionsmitarbeiter eine vergleichsweise untergeordnete Rolle zu spielen. Hier bestätigen sich die Erkenntnisse vorheriger Studien, nach denen Weiterbildung zur Unterstützung des Einarbeitungsprozesses von Geringqualifizierten kaum eine Rolle spielt. „Weiterbildung ist in diesem Zusammenhang eine relativ späte Anerkennung für gute Arbeit, jedoch keine frühzeitige Unterstützung um gute Arbeit leisten zu können" (Käpplinger 2009, S. 183). In Zeiten des Personalabbaus scheint dagegen die unsichere Aussicht auf einen Nutzen bzw. eine Rendite die Investition in Weiterbildung für Geringqualifizierte zu verhindern.

Beratung im Gestaltungsprozess: Gerade bezüglich der Gestaltung der Weiterbildung wurde von den beteiligten Führungskräften ein hoher Beratungsbedarf signalisiert. Große Unsicherheit bestand bei den potentiellen Wirkungen entsprechender Aktivitäten. Einerseits wurde eine mögliche Überforderung der Produktionsmitarbeiter befürchtet, andererseits sollten die Mitarbeiter keine Ambitionen für eine auf die berufliche Position bzw. Tätigkeit bezogene Entwicklung ausprägen. Hier gilt es die Bedenken der Führungskräfte aufzunehmen, Chancen und Risiken aus der eigenen Erfahrung realistisch zu beschreiben und mit entsprechenden Gestaltungsvorschlägen zu reagieren.

Übersichtlichkeit der Weiterbildung: Wesentlich erleichtert wird der Aushandlungsprozess durch übersichtliche Weiterbildungsangebote. Gemeint ist hiermit einerseits eine Transparenz im Hinblick auf Ziele und Inhalte, andererseits auch eine Begrenztheit in Bezug auf Umfang bzw. Wirkung der geplanten Maßnahmen. Sehr umfängliche Zielbeschreibungen führen eher zu Bedenken bei den

Entscheidungsträgern, ob die Weiterbildung für die eigenen Mitarbeiter überhaupt zu bewältigen ist bzw. inwieweit die ambitionierten Zielstellungen im Arbeitsalltag überhaupt aufgegriffen werden können. Die Präferenz für eine starke zeitliche Begrenztheit resultiert eventuell aus der starken wirtschaftlichen Dynamik, der auch die mittelständischen Unternehmen ausgesetzt sind. Geschäftliche Unwägbarkeiten könnten dazu führen, dass sich die Unternehmensleitung im Zweifel eher für eine kurze Bildungsmaßnahme entscheidet, die aber in jedem Falle auch beendet werden kann, als ein längeres Vorhaben zu beginnen, das aufgrund wirtschaftlicher Zwänge dann abgebrochen werden muss.

Anschlussfähigkeit an Bildungserfahrungen: Insbesondere wenn bisher im Unternehmen für das Beschäftigtensegment der Geringqualifizierten keine Weiterbildung umgesetzt wurde, unterstützt das Aufgreifen von bereits bekannten Themen bzw. Inhalten bei der Entwicklung von Weiterbildungsangeboten den Aushandlungsprozess. Wenn die Führungskräfte selbst bestimmte Bildungsinhalte schon behandelt haben und damit Nutzenpotential und Wirkung leichter abschätzen können, scheint dies den Zuspruch zu Bildungsaktivitäten für Geringqualifizierte im Unternehmen zu verstärken.

Abbildung 2: Gelingensfaktoren zur Konzeption, Planung und Durchführung von betrieblichen Weiterbildungsmaßnahmen für Geringqualifizierte

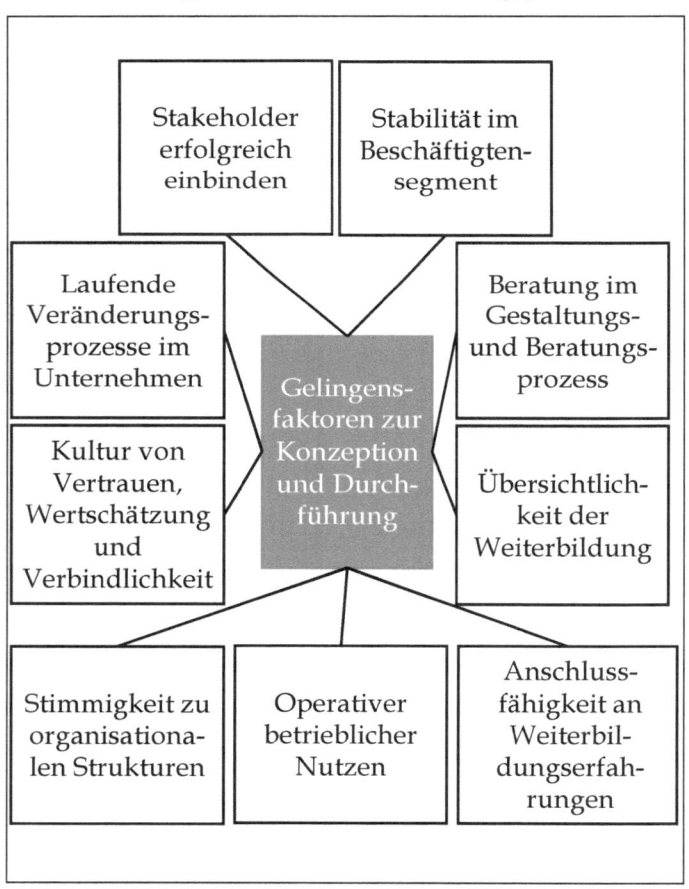

Ein weiteres erfolgversprechendes Vorgehen kann das Ableiten von Weiterbildungsbedarfen in der Zielgruppe aus bestehenden Bildungserfordernisse in anderen Beschäftigtensegmenten sein. Die Notwendigkeit von Weiterbildung in anderen Beschäftigtengruppen, beispielsweise in Englisch, scheint die Durchführung ähnlicher Maßnahmen im Bereich der Geringqualifizierten zu legitimieren.

Stimmigkeit zu organisationalen Strukturen: Wie beschrieben ist die Übersichtlichkeit eine wesentliche Erfolgsbedingung für das Zustandekommen der Weiterbildung für die Geringqualifizierten. Eine einfache Standardisierung solcher Angebote scheint jedoch nicht sinnvoll. Tatsächlich muss die Weiterbildung an die betrieblichen Strukturen wie Schichtsystem, Arbeitsrhythmus und räumliche Bedingungen angepasst werden. Berater und Trainer müssen Bedingungen aushandeln, die einerseits organisationale Vorgaben berücksichtigen und andererseits eine möglichst lernförderliche Gestaltung von Bildungsaktivitäten ermöglichen. Die Absage des betriebswirtschaftlichen Planspiels sowie des Englischkurses machen deutlich, dass der Organisationsaufwand möglichst gering sein sollte, um die Unternehmens- und Produktionsleitung nicht von der Durchführung abzuschrecken.

Kultur von Vertrauen, Wertschätzung und Verbindlichkeit: Begünstigt wird die Durchführung von Weiterbildungsmaßnahmen für Geringqualifizierte durch eine Unternehmenskultur, die geprägt ist von Wertschätzung, Vertrauen und Verbindlichkeit. Die Wertschätzung speziell für dieses Beschäftigtensegment zeigt sich hierbei an dem Willen, Weiterbildung für die Zielgruppe zu realisieren, auch wenn eine Rendite hierfür nicht direkt bzw. aus dem Geschäftsergebnis abgeleitet werden kann. Ebenfalls gegeben sein muss das Vertrauen in die Leistungsfähigkeit und positive Gestaltungskraft der Mitarbeiter. Verbindlichkeit meint, inwieweit im Unternehmen Projekte, Vorhaben und damit auch Weiterbildungsaktivitäten langfristig verfolgt werden oder, ob sich insbesondere die Führungskräfte eher an operativen Anliegen orientieren.

Laufende Veränderungsprozesse: Eine besonders hohe Bereitschaft, Geringqualifizierte weiterzubilden, scheint dann zu entstehen, wenn innerhalb des Unternehmens Veränderungsprozesse stattfinden, von denen die Geringqualifizierten tangiert werden und die für die Wettbewerbsposition des Unternehmens relevant sind. Ist die Umgestaltung von betrieblichen Prozessen mit einer Verschiebung des Anforderungsprofils an die Einfacharbeitsplätze verbunden, erscheint die Durchführung von Weiterbildung für die Geringqualifizierten als logische Folge. Allerdings ist zu berücksichtigen, dass die angesprochenen Veränderungsprozesse häufig mit einer Rationalisierung verbunden sind, die zum Wegfall von Einfacharbeitsplätzen führen. Insofern sind laufende Umgestaltungsprozesse für einen Teil der Geringqualifizierten nicht mit stärkerer Beteiligung an Weiterbildung, sondern mit drohender Arbeitslosigkeit verbunden.

2.5. Rollen der Berater in betrieblichen Bildungsprojekten für Geringqualifizierte

Die beschriebenen Erfolgsbedingungen zur Durchführung von Weiterbildungsprojekten für Geringqualifizierte spiegeln zumindest zum Teil auch die vielfältigen Erwartungshaltungen der am Projekt Beteiligten wider. Diese Erwartungen manifestieren sich in unterschiedlichen Rollen, welche von Beratern in entsprechenden Projekten adäquat ausgefüllt werden sollten. Sie spiegeln aber auch Anforderungen wider, deren Erfüllung für das erfolgreiche Initiieren und Durchführen der Qualifizierungsvorhaben für die Zielgruppe von wesentlicher Bedeutung ist.

Business Partner: Um in der Zusammenarbeit mit der Unternehmensführung erfolgreich zu sein, müssen die Berater in Weiterbildungsprojekten für Geringqualifizierte die Unternehmenssituation, die strategische Ausrichtung sowie die Personalpolitik kennen. Hier unterscheiden sich die Anforderungen nicht von denen in anderen unternehmensinternen Qualifizierungen. Der Berater muss aber auch erkennen, wenn eine strategische Ausrichtung nicht besteht und diese Wahrnehmung zurück spiegeln. Um als kompetenter bzw. ebenbürtiger Ansprechpartner von den Führungskräften wahr- und angenommen zu werden, ist zumindest konkretes Wissen zur Branche, dem Unternehmen, Arbeitsprozessen und Anforderungen am Arbeitsplatz notwendig. Nur auf dieser Grundlage kann der Berater in eine Diskussion auf Augenhöhe einsteigen. Eine besondere Bedeutung kommt hierbei der Beschreibung konkreter betrieblicher Nutzenaspekte zu. Es gilt realistisch aufzuzeigen, welche positiven Effekte mit der Weiterbildung verbunden sind. Gleichzeitig muss der Berater an die spezifische Kultur des Unternehmens anschlussfähig sein. Er muss also unterschiedlichen Anschauungen bezüglich der Bedeutung der Mitarbeiter sowie der Relevanz von Weiterbildung und Lernen Rechnung tragen und seine Argumentation entsprechend aufbauen.

Zielgruppenspezialist: Die Realisierung von Weiterbildung für Geringqualifizierte in Unternehmen erfordert profundes Wissen zur Bedarfsermittlung, Konzeptentwicklung und Durchführung von Maßnahmen für die Zielgruppe. Der Berater muss in der Lage sein, nicht nur im Dialog mit der Geschäftsführung, sondern auch mit den geringqualifizierten Mitarbeitern Lernbedarfe, Lernsettings und anschlussfähige Methoden abzustimmen. Dies erfordert eine sprachliche Anschlussfähigkeit an die Zielgruppe. Die besondere Herausforderung besteht darin, die oftmals einseitig von Führungskräften aufgeworfenen Lernthemen mit den von den geringqualifizierten Mitarbeitern als relevant angesehenen Inhalten zu verbinden und durch eine adäquate Auswahl von Lernsetting und Methode ein zielgruppengerechtes Konzept zu entwickeln. Der Berater muss dabei die zielgruppenspezifischen Besonderheiten, wie negative Arbeits- und Lernerfahrungen sowie eine partielle Distanz zum Lernen berücksichtigen. Wesentlich ist es darüber hinaus auch, an der Weiterbildung beteiligte Lehrkräfte für die Besonderheiten der Zielgruppe zu sensibilisieren und bei der Entwicklung von Lerneinheiten zu beraten.

Lernprozessbegleiter: Um den Lernprozess zu unterstützen, ist eine kontinuierliche Begleitung der geringqualifizierten Mitarbeiter, aber auch der beteiligten Führungs- und Lehrkräfte wesentlich. Als Ansprechpartner für die Geringqualifizierten sollten die Berater offen für individuelle Problemstellungen sein, auch wenn diese über die direkten Inhalte des Lernprojekts hinausgehen. Schwierigkeiten im Lernprozess, aber auch bei der Umsetzung des Gelernten in die betriebliche Praxis und in andere Kontexte sollten gemeinsam erörtert und im Sinne der Betroffenen bearbeitet werden können. Gleichzeitig sollte ein Berater bei Problemen aber auch für die weiteren betrieblichen Interessenträger, wie Führungskräfte und Geschäftsführung zur Verfügung stehen. Hier gilt es auch transparent zu machen, welche konkreten Inhalte in welcher Form in den Lerngruppen behandelt wurden. Gleichzeitig können mit den Führungskräften ergänzende oder konkretisierte Erwartungen ausgehandelt und in den Prozess eingebracht werden. Ein weiterer wesentlicher Aspekt ist die Begleitung fachlich orientierter Lehrkräfte, insbesondere wenn diese bisher keine Erfahrungen mit der Zielgruppe sammeln konnten.

Organisationsentwickler: Um den antizipierten Nutzen der Weiterbildungen für Geringqualifizierte zu erzielen, darf aber nicht nur die Durchführung der Maßnahmen in den Blick genommen werden. Vielmehr gilt es zu hinterfragen, ob die Mitarbeiter das Gelernte auch in ihrer täglichen Arbeit anwenden können. Am Beispiel des Microsoft-Excel-Kurses wird deutlich, eine Lernmotivation ergibt sich nur dort, wo das Gelernte im Alltag genutzt werden kann und auch nützlich ist. Hätten die Mitarbeiter nur in Ausnahmefällen, beispielsweise als Urlaubsvertretung, die Möglichkeit gehabt, die entsprechende Software zu bedienen, wäre dies für das Lernprojekt als kritisch einzuschätzen gewesen. Von der Seite des Beraters gilt es schon vor dem Start des eigentlichen Lernprojekts betriebliche Konstellationen, Strukturen und Prozesse auf ihre Lernförderlichkeit zu prüfen und bei Bedarf, in Abstimmung mit der Unternehmensführung, zu entwickeln. Auch während und insbesondere nach Abschluss der Maßnahme sollten die betrieblichen Bedingungen für den Lern- und Entwicklungsprozess der geringqualifizierten Mitarbeiter mit den Führungskräften des Unternehmens reflektiert werden. Dies kann gleichzeitig auch ein positiver Impuls zur Entwicklung der Unternehmenskultur sein.

Veranstaltungsmanager: Gerade bei Unternehmen, die kontinuierlich produzieren, scheint die Organisation von Weiterbildungsmaßnahmen eine besondere Herausforderung zu sein. Die Herauslösung eines wesentlichen Teils der Belegschaft aus dem Arbeitsprozess ist mit hohen organisatorischen Hürden verbunden. Der Berater muss in diesem Prozess die Unternehmensführung unterstützen bzw. partiell auch selbst Projektteile in die Hand nehmen und aussteuern. Notwendig ist das Entwickeln mehrerer Szenarien der zeitlichen und räumlichen Organisation, die auf den Produktionsprozess abgestimmt ist und dann mit dem Betrieb detaillierter abgestimmt werden kann.

Abbildung 3: Rollen der Berater in betrieblichen Bildungsmaßnahmen für Geringqualifizierte

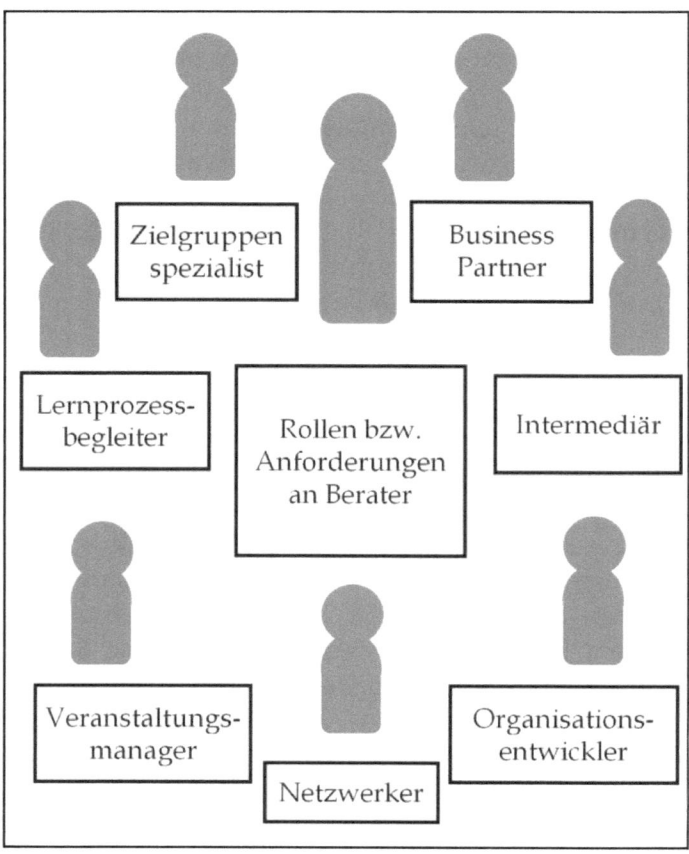

Es werden organisatorische Vorschläge bzw. Lösungen erwartet, die den Aufwand für das Unternehmen in Grenzen halten, aber gleichzeitig nicht

lernhinderlich sein dürfen. Weiterhin sollte der Berater auch in der konkreten Durchführung räumliche und zeitliche Bedingungen kritisch betrachten und gegebenenfalls, im Sinne des Lernerfolgs, eingreifen.

Intermediär: Eine besondere Herausforderung ergibt sich in den mittelständischen Unternehmen daraus, dass geringqualifizierte Mitarbeiter bzw. die Geschäftsführung bezüglich ihrer Einschätzungen, Prioritäten, Einstellungen und Lebenswelten weit auseinander liegen. Aufgabe des Beraters ist es, die Sichtweisen aufzunehmen, in die Sprache bzw. Logik des jeweiligen Akteurs zu übersetzen und weiterzugeben. Dies bedeutet zum einen, die Erwartungen der Geschäftsführung bezüglich der Weiterbildung für die Geringqualifizierten transparent zu machen und auf deren konkrete Arbeit zu übertragen. Umgekehrt bedeutet die Rolle des Intermediär zum anderen aber auch, Hinweise und Rückmeldungen der Geringqualifizierten mit Zustimmung der Betroffenen an die Führungskräfte bzw. die Geschäftsführung weiterzuleiten und einen Zusammenhang zu betrieblichen Arbeits- und Entwicklungsprozessen herzustellen.

Netzwerker: Die Durchführung von Bildungsmaßnahmen in Unternehmen erfordert immer auch eine Unterstützung durch interne Stakeholder, wie den Personalbereich, Führungskräfte und die Arbeitnehmervertreter. Gerade bezüglich der Geringqualifizierten ist eine entsprechende Hilfe aber schwer zu initiieren, da das angesprochene Beschäftigtensegment im Unternehmen häufig kaum Anerkennung oder Unterstützung erfährt. Eine weitere Anforderung an den Berater besteht also darin, wesentliche Interessenträger im Unternehmen zu identifizieren und als Befürworter der Weiterbildung zu gewinnen. Zum einen erhöht dies die Wahrscheinlichkeit einer Durchführung. Zum anderen können darüber hinaus gerade bei Schwierigkeiten während der Durchführung solche Unterstützer einen konstruktiven Beitrag zur Lösung leisten.

2.6. Personalentwicklung für Geringqualifizierte Chancen und Hindernisse

Die gewonnenen Erfahrungen machen zunächst deutlich, dass an das Weiterbildungsverständnis von betrieblichen Entscheidungsträgern und Mitarbeitern primär jene Themen und Inhalte anschlussfähig sind, die in der Weiterbildung von anderen Beschäftigtensegmenten von Bedeutung sind. Ein erfolgversprechendes Vorgehen, Weiterbildungsangebote für Geringqualifizierte zu entwickeln, kann also die Modifikation von Bildungsangeboten sein, die sich an andere betriebliche Zielgruppen richten.

Entsprechende Weiterbildungskonzepte müssen bezüglich ihrer Relevanz für die Entwicklung bzw. Reaktivierung von Grundbildungskompetenzen und ihrer Passung zur Zielgruppe der Geringqualifizierten hinterfragt, erprobt und gegebenenfalls verändert werden. Darüber hinaus müssen aber auch die Bedürfnisse der Entscheidungsträger in den Unternehmen Berücksichtigung finden. Hier scheinen kurze und flexible Angebote, verbunden mit einer realistischen Nutzenbeschreibung, passender als langwierige Kurse.

Die Weiterbildung von Geringqualifizierten in den mittelständischen Unternehmen ist nach unserer Erfahrung noch keine Selbstverständlichkeit. Entsprechend hoch ist der Beratungsbedarf bei der Durchführung entsprechender Projekte. Die Weiterbildungskonzepte sollten mit einem Beratungsangebot verbunden werden, in dem gemeinsam mit den Entscheidungsträgern, unter Berücksichtigung der betrieblichen Vorgaben, lernförderliche Bedingungen für die Weiterbildung auszuhandeln sind. In diesem Rahmen besteht auch die Notwendigkeit, wichtige Interessenträger einzubinden sowie Vorbehalte bzw. Bedenken im Unternehmen gegen entsprechende Aktivitäten zu thematisieren und zu bearbeiten.

Die Darstellung machte aber auch deutlich, dass nicht alle genannten Erfolgsbedingungen von Beratern bzw. Trainern zu beeinflussen sind. Die Stabilität im Beschäftigtensegment, laufende Veränderungsprozesse oder eine lernförderliche Unternehmenskultur sind nicht ohne weiteres herbeizuführen bzw. herstellbar. Insofern ist die Weiterbildung im betrieblichen Kontext ein Zugang, über den wahrscheinlich nur ein Teil der Geringqualifizierten erreicht werden kann.

Und es müssen weitere Zugänge gestaltet werden, um die Bildungsbeteiligung von Geringqualifizierten insgesamt zu erhöhen. Ebenfalls kritisch zu hinterfragen ist, inwieweit die Bildung von Geringqualifizierten in Unternehmen mit einem emanzipatorischen Anspruch verbunden sein kann. Die im Rahmen des Projektes zu Tage getretenen Bedenken der Geschäftsführung vor möglichen Ambitionen der Geringqualifizierten lassen hier Zweifel aufkommen.

Die Beschreibung von Rollen und dahinter liegenden Anforderungen verdeutlicht aber auch, dass die unterschiedlichen Erwartungen der an den Bildungsprojekten Beteiligten außerordentlich komplex und hoch sind. Für Berater in entsprechenden Weiterbildungsvorhaben ist dies mit der Gefahr einer latenten Überforderung verbunden. Hier gilt es bestehende Grenzen und Hindernisse zu akzeptieren.

Im Spannungsfeld von Unternehmensführung, Führungskräften, Betriebsrat und Mitarbeitern die unterschiedlichen Interessen so auszumoderieren, dass am Ende für alle Beteiligten eine win-win-Situation entsteht, ist ein unrealistisches Szenario.

Hier gilt es aus der Perspektive des Beraters bestehende Interessenkonflikte zu benennen und die
Realisierung von Projekten mit den Akteuren kritisch zu hinterfragen, wenn wesentliche Voraus-
setzungen für eine erfolgreiche Durchführung
nicht gegeben sind.

Die Darstellung von Erfolgsfaktoren und Rollen
macht aber auch deutlich, dass sich die Anforderungen an beteiligte Berater bzw. Lehrkräfte in
Weiterbildungsprojekten für Geringqualifizierte
nicht fundamental von den Bedingungen im Hinblick auf andere Zielgruppen unterscheiden. Hier
gilt es anzuknüpfen und für die betriebliche Bedeutung der Zielgruppe, gerade mit Blick auf die
demographische Entwicklung, zu sensibilisieren.
Die Hürden für die Durchführung einer Weiterbildung sollten auch für geringer qualifizierte Mitarbeiter nicht höher sind, als bei anderen Beschäftigtensegmenten. Gleichzeitig sollten die Erwartungen der Entscheidungsträger bezüglich Nutzen
bzw. Rendite entsprechender Vorhaben, wie auch
bei anderen Zielgruppen, ein realistisches Maß
besitzen. Auf dieser Basis kann es gelingen, die
Bildung von Geringqualifizierten zu einem integ-
ralen Bestandteil der betrieblichen Personalpolitik
zu machen.

3. Bildung für Geringqualifizierte im Beschäftigungstransfer

Schlagworte wie Standortwettbewerb, Globalisierung und Wandel zur Dienstleistungsgesellschaft umschreiben strukturelle Veränderungen der Wirtschafts- bzw. Arbeitswelt, die in Deutschland primär mit der Schließung von Unternehmensbereichen oder ganzen Unternehmen in Verbindung gebracht werden. Wurden noch vor einigen Jahren in diesen Fällen die Mitarbeiter über einen Sozialplan mit Abfindung in die Arbeitslosigkeit oder den Vorruhestand entlassen, hat sich mittlerweile der sogenannte Transfersozialplan als Alternative etabliert. Hierbei wird zwischen der Arbeitnehmervertretung und dem Arbeitgeber eine Vereinbarung getroffen, welche die Unterstützung des Transfers der Arbeitnehmer in eine neue Beschäftigung regelt.

3.1. Geringqualifizierte in Transfergesellschaften

Obwohl bei der inhaltlichen und methodischen Ausgestaltung der Unterstützungsleistungen in Transfermaßnahmen vergleichsweise große Spielräume bestehen (vgl. Wacker 2004), dominiert in der Praxis ein standardisierter Ablauf. Hierbei werden, nach einer kurzen Informationsveranstaltung, das Profiling und ein mehrtägiges Bewerbungstraining durchgeführt. Danach werden eine individuelle Bewerbungsberatung sowie eine in der Regel mehrwöchige berufliche Qualifizierungen realisiert. Dieses etablierte Vorgehen kann positiv, als Zeichen guter und bewährter Praxis verstanden werden. Kritisch bleibt aber zu hinterfragen, inwieweit diese Standardisierung tatsächlich den Bedürfnissen, Zielen und Möglichkeiten aller Betroffenen entspricht. Gerade in Bezug auf Geringqualifizierte sind nach unserer Einschätzung hier Zweifel angebracht. Zu den verpflichtenden Veranstaltungen, wie Profiling und Bewerbungstraining, sind diese zwar anwesend, die weiteren Unterstützungsleistungen werden von dieser Zielgruppe dann aber selten wahrgenommen.

Im Rahmen des Gestaltungsprojektes haben die Autoren Bildungs- bzw. Beratungsangebote in Transfermaßnahmen unter besonderer Berücksichtigung der Zielgruppe „Geringqualifizierte" untersucht, sowie Varianten entwickelt und erprobt. Das Kapitel soll aus den Erfahrungen des angesprochenen Praxisprojekts mögliche Erklärungen für den geringen Zuspruch der Geringqualifizierten zu entsprechenden Bildungsangeboten in Transfermaßnahmen aufwerfen. Darauf aufbauend sollen ausgewählte Elemente der Beratung und Begleitung von Geringqualifizierten in Transfermaßnahmen vorgestellt bzw. diskutiert werden. Den Abschluss bilden Hypothesen für eine zielgruppenorientierte Gestaltung von Weiterbil-

dungs- und Beratungsangeboten in Transfergesellschaften

3.2. Rahmenbedingungen und Organisation

Transfergesellschaften verfolgen das Ziel, von
Arbeitslosigkeit bedrohte Mitarbeiter im Rahmen
einer befristeten Beschäftigung in neue Arbeit zu
vermitteln. Entsprechend §216 a/b des SGB III
wird hierbei zwischen der Arbeitnehmervertretung und dem Arbeitgeber eine Vereinbarung getroffen, welche die konkrete Unterstützung der
Betroffenen regelt. Im Vordergrund steht die Verwendung von Abfindungsleistungen für Maßnahmen zur Unterstützung der Integration der
Arbeitnehmer in den Arbeitsmarkt. Als Instrumente sind sogenannte Transferagenturen und Transfergesellschaften definiert.

Im Rahmen von Transferagenturen werden be-
troffene Arbeitnehmer unterstützt, die noch beim
ursprünglichen Arbeitgeber angestellt und zum
Teil auch tätig sind. Während oder direkt nach
Ablauf der Kündigungsfrist ist dann der Übergang
in eine Transfergesellschaft möglich. Der Arbeits-
vertrag mit dem bisherigen Arbeitgeber wird hierzu aufgelöst und gleichzeitig der Eintritt in die
Transfergesellschaft, in der Regel getragen von
einem spezialisierten Dienstleistungsunternehmen,
realisiert. Innerhalb der Transfergesellschaft erfolgt dann die weitere Unterstützung und Qualifizierung der Arbeitnehmer.

Abbildung 4: Akteure und Rollen in Transfergesellschaften

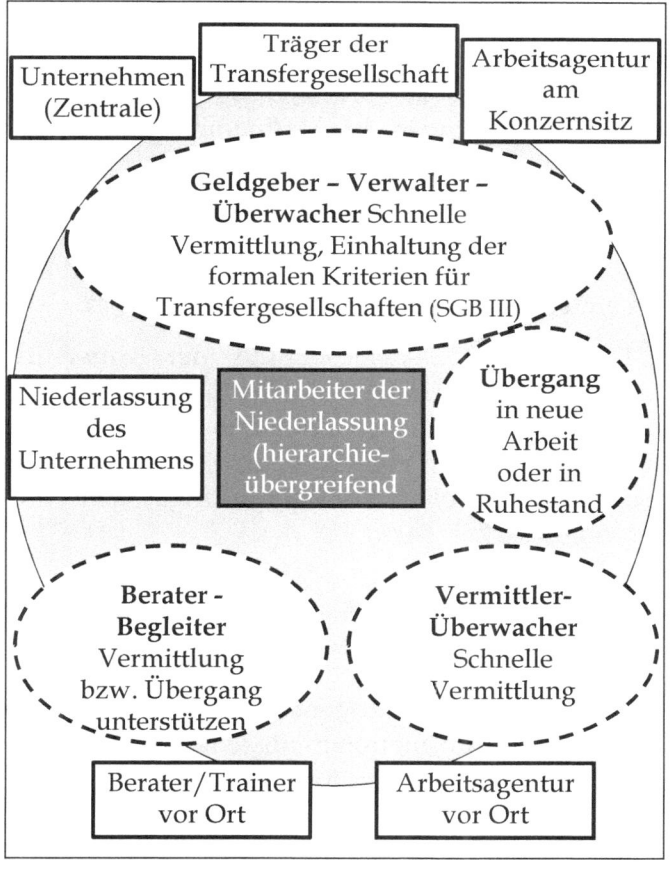

Diese Aufgaben werden in der Regel an einen Weiterbildungsträger übertragen (vgl. Wacker 2004). Während des Aufenthalts in der Transfergesellschaft beziehen die Arbeitnehmer Transferkurzarbeitergeld, welches bei der Arbeitsagentur beantragt wird. Die Arbeitsagentur hat dabei die Aufgabe zentral zu prüfen, ob die rechtlichen Rahmenbedingungen zur Aufnahme der Arbeitnehmer in die Transfergesellschaft erfüllt sind. Einige Arbeitsagenturen bemühen sich, parallel zu den Aktivitäten in der Transfergesellschaft, um eine zusätzliche Unterstützung der betroffenen Arbeitnehmer vor Ort.

Die konkrete Ausgestaltung der Unterstützungsleistungen in Transfermaßnahmen hängt stark von den zeitlichen Rahmenbedingungen ab. In der Praxis kann nach unseren Erfahrungen der nachfolgende Ablauf als typisch angesehen werden (vgl. Wacker 2004):

- **Erstgespräch/Profiling** (ca. 1,5 Stunden): individuelles Kennenlernen, Aufnahme grundlegender personenbezogener Daten sowie berufsrelevanter Informationen für den weiteren Beratungsprozess und die Arbeitsagentur
- **Kompetenz- und Bewerbungs-Seminar** (ca. 2-5 Tage): Kompetenz- und Potentialanalyse, Wissensvermittlung und Training zu bewerbungsrelevanten Themen, wie schriftliche Bewerbung,

Erstellung der Bewerbungsunterlagen, telefonische Bewerbung und Bewerbungsgespräche

- **Individuelle Beratung:** Beratung der Klienten entsprechend dem individuellen Bedarf, beispielsweise bei der Stellenrecherche, Auswahl potentiell relevanter Arbeitgeber, der Erstellung von Unterlagen, aber auch bei privaten Problemlagen

- **Berufliche Qualifizierung:** Realisierung sinnvoller berufsbezogener Qualifizierungen, welche den Vermittlungsprozess begünstigen sollen

Als problematisch ist zu bezeichnen, dass dieser Ablauf nach unseren Erfahrungen den Bedürfnissen insbesondere von Geringqualifizierten nicht zu entsprechen scheint. In unserer Beratungspraxis zeigt sich dies daran, dass die Zielgruppe obligatorische Veranstaltungen, wie Erstgespräch und Outplacement-Seminar zwar besucht, die weiteren Unterstützungsleistungen aber kaum oder unregelmäßig wahrnimmt. Rückmeldungen aus der Zielgruppe zeigen drei bestehende Problemfelder auf:

- Die Herstellung von Beschäftigungsfähigkeit und die Vermittlung in Beschäftigung sind als Ziele der Transfermaßnahmen definiert. In der Praxis unterstützen die Berater die Arbeitnehmer bzw. Klienten im Bewerbungsprozess primär dabei, sich um die Stellen mit den größten Vermittlungschancen zu bewerben. Anders gelagerte individuelle Zielstellungen werden dagegen kaum ernsthaft aufgegriffen.

- Gerade Geringqualifizierte werden vom Anforderungsniveau in Transfermaßnahmen partiell abgeschreckt. Der angesprochene Eindruck in der Zielgruppe entsteht gerade durch die mehrtägigen und inhaltlich stark komprimierten Bewerbungstrainings. Ein Teil der Geringqualifizierten fühlt sich durch die Aufgabenstellungen überfordert bzw. fürchtet an den Anforderungen in den Transfer-Bildungsmaßnahmen zu scheitern.

- Die angebotenen Unterstützungsleistungen orientieren sich primär am Bewerbungsprozess von Facharbeitern und Akademikern. Die schriftliche Bewerbung, der Nachweis formaler Bildungsabschlüsse und qualifizierter Berufserfahrung stehen also im Mittelpunkt. Zum Bewerbungserfolg von Geringqualifizierten scheint dieses Vorgehen aber keinen großen Beitrag zu leisten. Im Gegenteil, gerade dadurch wird die Zielgruppe für vermeintlich bestehende Defizite sensibilisiert.

Der aus der geringen Beteiligung folgende Mangel an Mobilisierung und Qualifizierungen führt bei den Betroffenen zu der Gefahr wiederholter und gegebenenfalls auch dauerhafter Arbeitslosigkeit (vgl. Wacker 2004, vgl. Dommer 2009). Er gefährdet die Vermittlung in eine Nachfolgebeschäftigung. Auch für die Träger der Transfergesellschaften und die Weiterbildungseinrichtungen ist die beschriebene Situation problematisch, werden sie doch primär an den Vermittlungsquoten gemessen.

3.3. Praxisprojekt: Training-out-of-the-Job

Im Rahmen eines Praxisprojektes wurden die Arbeitnehmer eines Logistikzentrums, welches Anfang des Jahres 2008 geschlossen werden sollte, begleitet. Das Logistikzentrum gehörte zu einem international agierenden Automobilzulieferer. Der Standort koordinierte die Belieferung der Automobilhersteller in Sachsen. Hierzu wurden Produkte aus den Werken in Polen und Tschechien zwischengelagert und auf Anforderung „Just-In-Time" an die Automobilhersteller geliefert. Aus Kostengründen entschied sich das Unternehmen im Jahr 2007 auf eine Direktbelieferung „ab Werk" umzustellen. Die Idee zum Praxisprojekt entstand in Kooperation mit der Geschäftsbereichsleitung Personalmanagement der Consult Personaldienstleistungen GmbH, die als Träger für das Projektmanagement von Transferagenturen und Transfergesellschaften zuständig ist.

Ausgehend von den gemeinsamen Erfahrungen in der Durchführung von Transferprojekten wurden in diesem Praxisprojekt Potentiale gerade bei der Unterstützung von Geringqualifizierten in Transfermaßnahmen wahrgenommen. Entsprechend der Vereinbarungen zwischen Arbeitgeber, Arbeitnehmer und der Transfergesellschaft, wurde zunächst ein Design für den Beschäftigungstransfer entwickelt, der sich an dem zuvor beschriebenen, inhaltlichen Standardablauf orientierte.

- Informationsveranstaltung zur Transfergesellschaft (Dauer: ca. 3 Stunden)

- Erstgespräch/Profiling (Dauer: ca. 1,5 Stunden pro Teilnehmer)

- Bewerbungstraining (Dauer: 4 Tage)

- Individuelle Beratung (Dauer: 2 Stunden pro Teilnehmer und Monat)

- Berufliche Qualifizierung (Dauer: maximal 4 Monate)

Das Transferprojekt wurde im Zeitraum von Februar bis November 2008 im Landkreis Leipzig durchgeführt. Den Autoren kam dabei die Aufgabe zu, den Prozess von der Erstinformation über Profiling und Bewerbungstraining bis zur individuellen Beratung durchzuführen und zu begleiten. Zusätzlich wurde auch die Organisation von berufsbezogenen Weiterbildungsangeboten für die Bereiche „EDV" und „Englisch" übernommen.

Insgesamt wurden 31 Personen im Rahmen der Transfermaßnahme betreut. Hiervon waren 12 Frauen und 19 Männer. 19 Teilnehmer waren älter als 25 Jahre, 12 Personen älter als 49 Jahre. Entsprechend der verschiedenen Arbeitsplatzanforderungen innerhalb des Logistikzentrums unterschieden sich die zu betreuenden Mitarbeiter bezüglich ihrer Qualifikation, beruflichen Erfahrungen und Ziele. Während Niederlassungsleiter und Lagerleiter über einen akademischen Abschluss verfügten, konnten die Teamleiter im Lager sowie die Mitarbeiter von Versand und Disposition einen dem Berufsfeld entsprechenden Facharbeiterabschluss vorweisen (15 Personen).

Abbildung 5: Zeitlicher Ablauf, Phasen und Aktivitäten in der Transfergesellschaft

Transfer-agentur Mitarbeiter (noch) im Unternehmen angestellt	**Transfer-gesellschaft** Mitarbeiter in Transfer-gesellschaft	**Unter-nehmen** Mitarbeiter in neuer Firma
1h	4 Tage	2h pro Monat
Profiling	Orientierungs-seminar	Beratung und Begleitung
Inhalte: Frage-bogen aus-füllen, persön-liche Situation aufneh-men (einzeln)	Inhalte: Berufliche Ziele, Kompetenz-bilanzierung, Bewerbungs-training, Vor-bereitung auf Auswahl-gespräche (in Gruppen)	Flexible Unterstützung im Bewerbungs-prozess, Begleitung des Übergangs (einzeln)
		Umfang variabel
		Berufliche Qualifizierung
		Weiterbildung mit fachlichem Hinter-grund (einzeln oder in Gruppen)

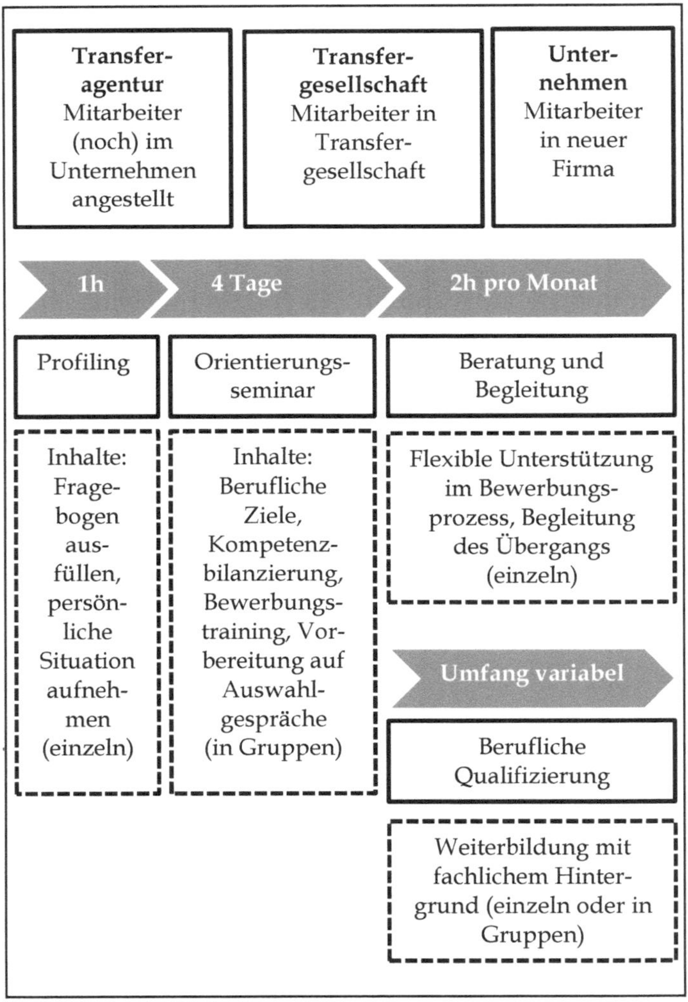

Die Staplerfahrer sowie Lagerarbeiter hatten in der Regel einen tätigkeitsfremden Berufsabschluss erworben (13 Personen), von denen ein Mitarbeiter keinen Facharbeiterabschluss vorweisen konnte. Bei der Betrachtung der Berufsbiographien war besonders auffällig, dass gerade diese Gruppe der sogenannten Geringqualifizierten in besonderem Maße von Arbeitslosigkeit bzw. häufigem Arbeitsplatzwechsel betroffen war. Zwei Teilnehmer waren vor Aufnahme ihrer Beschäftigung im Unternehmen mehr als 4 Jahre nicht regulär tätig. Vier Personen waren in ihrer Erwerbsbiographie bereits dreimal oder häufiger, länger als 3 Monate arbeitslos.

3.4. Einbindung von Kompetenzen und Zielen

Ausgangspunkt unseres Praxisprojekts war die Kritik an der Standardisierung von Bildungsmaßnahmen für Geringqualifizierte in Transfergesellschaften. Aufgrund ihrer oftmals sehr unterschiedlichen Lebens- und Erwerbserfahrungen entspricht dieses Vorgehen nach unserer Erfahrung nicht den Präferenzen in der Zielgruppe. Bei der Entwicklung unseres Projekts sollten demgegenüber die Kompetenzen, Ziele und Wünsche der Teilnehmer Ausgangspunkt der inhaltlichen und methodischen Konzeption der Bildungsvorhaben sein. Dieser Ausrichtung entsprechend waren Kompetenzbilanzierung, Zielentwicklung und die Didaktisierung relevanter Lerninhalte Ausgangspunkt der weiteren Aktivitäten. Im Folgenden wird das methodische Vorgehen für die genannten Bereiche in den Projekten erläutert.

3.4.1. Kompetenzbilanzierung

Unter Kompetenzbilanzierung verstehen wir einen qualitativen Ansatz der Kompetenzerfassung, der neben formell erworbenen Kompetenzen auch diejenigen im informellen Bereich berücksichtigt. Hierzu werden in einem mehrstufigen, strukturierten Verfahren Stärken und Fähigkeiten der Teilnehmer „bilanziert". Zentraler Bestandteil ist die gemeinsame Reflexion und der Dialog mit dem Berater bzw. gegebenenfalls anderen Teilnehmern der Lerngruppe. Die besondere Bedeutung der Kompetenzbilanzierung für die Teilnehmer leitet sich aus dem Potential des Ansatzes ab, die im Laufe eines Lebens in den unterschiedlichsten Lebensbereichen und -zusammenhängen erworbenen Kompetenzen zu erschließen und bewusst zu machen. Gerade bei vielfältigen Brüchen im Lebenslauf und bestehender Unsicherheit kann mit den Verfahren der Kompetenzbilanzierung das Selbstbewusstsein einer Person gestärkt, Potentiale erschlossen sowie die individuelle Entwicklung begünstigt werden (vgl. Käpplinger 2005). Mit dem Einsatz entsprechender Instrumente wird ein aktives Vorgehen und zielgerichtetes Handeln gefördert. Die Kompetenzbilanzierung ist somit keine statische Bestandsaufnahme, sondern unterstützt den Lernprozess und die Entwicklung der Teilnehmer (vgl. Nitzsche/Borner 2008).

Im Rahmen des angesprochenen Transferprojekts wurde als Instrument die sogenannte Lebenskurve (vgl. Epping/Klein/Reutter 2004) genutzt. Das Verfahren wurde dabei nach einer ersten Information zu Vorgehen, Zielen und Prinzipien eingesetzt. Es bildete den inhaltlichen Einstieg in den ersten Tag des Bewerbungstrainings. Ziel war die Eingangs-Evaluation biographischer Hintergründe, das Bewusstwerden von Stärken und Potentialen bei den Teilnehmern und die Wertschätzung untereinander sowie die Entwicklung erster Zielvorstellungen zum weiteren Werdegang.

Lebenskurve – Anleitung zum Ablauf: Die Teilnehmer erhielten ein DIN-A3-Blatt im Querformat und zeichneten waagerecht in der Mitte ihre Lebenslinie von der Geburt zunächst bis in die Gegenwart bzw. darüber hinaus, für die nächsten 5 Jahre ein. Danach sollten sie ihre Lebenslinie mit den wichtigsten Höhen und Tiefen sowie ergänzenden Farben, Symbolen und Stichworten eintragen. Danach konnten die Teilnehmer ihre Lebenskurve vorstellen, wobei die Entscheidung zu Umfang bzw. Tiefe dieser Vorstellung bei den Beteiligten selbst lag. Im Rahmen des Bewerbungstrainings in der Transfergesellschaft geschah dies in einer Kleingruppe, in der auf Wunsch der Teilnehmer nicht nur Geringqualifizierte vertreten waren. Nach Absprache mit den Teilnehmern visualisierte der Berater wesentliche Kompetenzen und Ziele mit. Leitfragen für die Reflexion waren dabei: Wie haben die Teilnehmer Höhen und Tiefen erlebt? Welche Strategien habe sie zur Bewältigung von Krisen angewendet? In welchen Phasen haben sie wichtige Fähigkeiten erworben und Erfahrungen gemacht? Welche waren dies genau? Wie soll es weiter gehen? (vgl. Epping/Klein/Reutter 2001, 80ff).

Entsprechend der Reflexion der Trainer bzw. Berater in den Praxisprojekten wurden folgende Wirkungen der Kompetenzbilanzierung auf die Teilnehmer wahrgenommen:

- Die Teilnehmer werden früh eingebunden und mit der partizipativen Arbeitsweise bzw. dem Umgang auf Augenhöhe in der Maßnahme vertraut gemacht.

- Die Teilnehmer entwickeln erste Vorstellungen zu Kompetenzen, Zielen und relevanten Lerninhalten und machen diese transparent.

- Die Selbstsicherheit der Teilnehmer, insbesondere bezüglich ihrer Beteiligung in den weiteren Bildungs- und Beratungssequenzen, wird gestärkt.

Daneben können folgende Aspekte als Vorteile des Verfahrens angesehen werden:

- Da die Anforderungen an die Schriftbeherrschung im Rahmen des Verfahrens gering sind, ist bei den Geringqualifizierten die Hemmschwelle zur Beteiligung vergleichsweise niedrig (neben Schrift auch Verwendung von Farben und Symbolen).

- Gleichzeitig entsteht eine Folie, auf deren Basis gemeinsam mit dem Teilnehmer die weitere Entwicklung in den Maßnahmen reflektiert werden kann.

- Das Feedback und die Wertschätzung der Trainer und Berater bzw. anderer Teilnehmer fördern neue Sichtweisen bezüglich eigener Fähigkeiten und Vorlieben.

Folgende Aspekte sind bei der Anwendung des Verfahrens zu berücksichtigen:

- Die beschriebene Vorgehensweise der Kompetenzbilanzierung unterscheidet sich stark von den bisherigen, eher schulisch geprägten Lernerfahrungen der Geringqualifizierten. Dies führt bei einigen Teilnehmern im ersten Moment zu einem Gefühl der Überforderung. Gerade in dieser Phase sind Motivation und Unterstützung durch die Berater bzw. Trainer ge-

fragt. Von der Erstellung der „Lebenskurve"
unter den beschriebenen Bedingungen als
Hausaufgabe muss deshalb abgeraten werden.

- Ist vor der Kompetenzbilanzierung ein Profiling
  der Arbeitsagentur realisiert worden, muss mit
  den Teilnehmenden detaillierter auf die unterschiedlichen Vorgehensweisen und Ziele eingegangen werden, um aus Lernkulturbrüchen resultierende Verunsicherungen und Irritationen
  zu vermeiden oder sie aufzufangen.

3.4.2 Zielentwicklung und -konkretisierung

Nachdem mit dem Verfahren zur Kompetenzbilanzierung bereits ein Einstieg in die individuelle
Zielentwicklung erfolgte, stellte sich die methodische Frage, wie diese persönlichen Ziele weiter
konkretisiert werden können. Erst auf der Grundlage des Wissens zu eigenen Zielen bzw. Nutzenerwartungen und durch die Herstellung eines
Sinnzusammenhangs zu den Aktivitäten im Lernprozess, können die Teilnehmer die Bereitschaft
zur Beteiligung entwickeln.

Die Verbindung von bestehenden Kompetenzen
und individuellen Zielen ermöglicht die gemein-
same Konzeption anschlussfähiger Lernsettings.
Die Entwicklung persönlicher Ziele, mit und von
Geringqualifizierten, scheint dabei eine besondere
Herausforderung zu sein. Einerseits orientiert sich
ein Teil der Teilnehmer an der wahrgenommenen
Erwartungshaltung der Berater. Oftmals werden

dann pauschale Zielbeschreibungen geliefert, ohne dass sich hinter diesen konkrete Vorstellungen verbergen. Andererseits scheinen die vielfältigen Brüche in der Lebens- und Erwerbsbiographie auch zur Wahrnehmung einer Vielzahl von Möglichkeiten zu führen, die aber ohne Priorisierung bleiben.

Im Rahmen des Praxisprojekts wurde zur Vertiefung der Zielearbeit die Methode der „Drei Stühle" genutzt. Die angesprochene Vorgehensweise ist an die sogenannte Walt-Disney-Strategie (vgl. Dilts/Epstein/Dilts 1994) angelehnt und erlaubt es, tiefer liegende Ziel- und Motivationsstrukturen gemeinsam mit den Lernenden zu entwickeln. Sie vereint einen kreativen dialogischen Zielentwicklungsprozess mit der Planung erster konkreter Handlungsschritte. Daneben integriert die Methode ein Reflexionsangebot zur Konformität der definierten Ziele mit den Erwartungen des sozialen Umfelds. Die vertiefende Zielearbeit wurde im Anschluss an die Kompetenzbilanzierung als freiwilliges Angebot platziert und innerhalb von Einzelgesprächen realisiert.

Drei Stühle – Anleitung zum Ablauf: Bei der Methode auf der Basis eines Rollenspiels verteilt der Lernende drei Karten auf drei verschiedenen Stühlen, die jeweils für eine bestimmte Rolle bzw. Position im Zielentwicklungsprozess stehen. Die erste Karte steht für den visionären Zielentwickler, der positiv eingestellt ist, alle Vorhaben für realisierbar hält und mögliche Ziele liefert. Eine zweite Karte symbolisiert einen kritischen Freund, der mögliche Risiken und Gefahren benennt. Die dritte Karte versinnbildlicht den realistischen Planer, der Anregungen zur Umsetzung des Ziels in die Praxis geben soll. Der Berater beginnt auf der Position des Visionärs mit der Frage nach Vorstellungen und Zielen. Er kann dabei an die Ergebnisse der Kompetenzbilanzierung anknüpfen. Die ersten Fragen sind bewusst auf einer visionären Ebene angelegt, um auch bisher unbewusste Wünsche, Neigungen und Kompetenzen transparent zu machen. Nach den Beschreibungen des Teilnehmers folgen die Fragen des Beraters in der Rolle des Kritikers und des Planers. Durch die unterschiedlichen Rollen wird eine Reflexion zu relevanten Zielen, deren Realisierbarkeit und konkreter Umsetzung sowie der Vernetzung unterschiedlicher Ziele, angeregt. Auf der Grundlage dieses Dialogs zwischen Berater und Teilnehmer entsteht eine komplexe Zielbeschreibung, die zur Veranschaulichung als „Ziellandkarte" visualisiert wird. Auf dieser Ziellandkarte werden vom Berater Ziele, Teilziele, Rahmenbedingungen, Konfliktfelder und erste Maßnahmen zur Zielerreichung festgehalten.

Entsprechend der Reflexion der Trainer bzw. Berater in den Praxisprojekten wurden folgende Wir-

kungen der Methode zur Zielentwicklung wahrgenommen:

- Mit der Methode werden die Teilnehmer mit
  ihren Erfahrungen, Wünschen und Zielen ernst
  genommen. Dies wirkt sich positiv auf den
  Lernprozess aus, weil sie sich aufgrund des
  Perspektivenwechsels hinsichtlich ihrer eigenen
  Lebensziele aufmerksamer und ernsthafter be-
  teiligen.

- Die Methode sorgt für die Entwicklung und
  Bewusstheit individueller Ziele. Hierbei werden
  auch komplexe Zielverschränkungen und Zielkonflikte transparent.

- Abstrakte Globalziele können durch die Teilnehmer in Teilziele gegliedert und mit konkreten Maßnahmen untersetzt werden. Es wird eine Struktur für die Zielerreichung entwickelt,
  mit der sich die Teilnehmer identifizieren können.

- Durch den Abgleich mit den Ergebnissen der
  Kompetenzbilanzierung können die Teilnehmer
  selbst erste eigene Lerninteressen bzw. Unter-
  stützungsmaßnahmen formulieren und so aktiv
  Einfluss auf den Lernprozess nehmen.

Weitere positive Aspekte der Methode aus Sicht der Berater bzw. Trainer sind:

- Die Bereitschaft der Teilnehmer zur Offenlegung persönlicher Ziele, auch wenn diese nicht direkt mit der beruflichen Perspektive verbunden waren, erhöhte sich mit der individuellen Zielentwicklung.

- Die Informationen zu Kompetenzen und Zielen wurden Grundlage der Entwicklung passgenauerer Inhalte und Lernsettings für die Teilnehmergruppen.

- Die erhobenen Ziele, Teilziele und Etappen konnten im weiteren Prozess als grober Entwicklungsplan, zur Bilanzierung von Lernfortschritten, genutzt werden.

Bei der Anwendung der Methode „Drei Stühle" ist aber zu berücksichtigen:

- Die Durchführung, in Anlehnung an ein Rollenspiel, ist durchaus anspruchsvoll. Entsprechend sorgsam ist bei der Erläuterung zu Ziel und Vorgehensweise vorzugehen.

- Da die Zielentwicklung insgesamt ein komplexer und vielschichtiger Prozess ist, sind überwiegend mehrere Beratungssequenzen notwendig. Der zeitliche Umfang und damit auch die Kosten sind entsprechend hoch.

- Ein Teil der Geringqualifizierten aus der Transfermaßnahme verzichtete auf das Angebot einer vertiefenden Arbeit mit Zielen. Bei diesen Teilnehmern wurde versucht, sich den individuellen Zielen im weiteren Beratungsprozess zu nähern.

3.4.3 Integration von Kompetenz und Zielen in den Lernprozess

Der Einsatz von Kompetenzbilanzierung und Zielearbeit in der Erwachsenenbildung bzw. in Bildungsmaßnahmen für Geringqualifizierte ist keine neue Idee. Er ist in vielen Einrichtungen bereits gelebte Praxis (vgl. Käpplinger/Reutter 2005). Nach Erfahrung der Autoren werden die Ergebnisse der Kompetenzbilanzierung und Zielentwicklung im weiteren Lernprozess aber oftmals nicht mehr aufgegriffen bzw. bei der Festlegung von Lerninhalten und -formen nicht berücksichtigt. Im Gegensatz dazu sollten in diesem Praxisprojekt die individuellen Kompetenzen und Ziele der Teilnehmer eine größere Rolle spielen. Sie sollten dezidiert zum Ausgangspunkt für Lernen gemacht und in Bezug auf die Bestimmung von Lerninhalten genutzt werden.

Die Möglichkeit hierzu bestand zunächst im Rahmen der individuellen Beratung der Teilnehmer. Hierzu wurden nach Kompetenzbilanzierung und Zielearbeit in einer weiteren Beratungssequenz im Dialog mit den Teilnehmern konkrete

Lerninteressen entwickelt. Dabei wurden sowohl langfristige Wünsche, als auch operative Anliegen berücksichtigt. Alle relevanten Lernfelder wurden in einen Entwicklungsplan integriert und in einer Übersicht für Teilnehmer bzw. Berater, der sogenannten Lernlandkarte, mit Hilfe von Schlagworten und Symbolen, visualisiert. Im weiteren Beratungsprozess hatten die Teilnehmer die Möglichkeit, entsprechend der Intensität und Dringlichkeit von Lernanliegen über Termin bzw. Dauer der Beschäftigung mit einzelnen Lernfeldern zu entscheiden.

Abbildung 6: Ablauf des Bildungs- und Beratungsprozesses innerhalb der Transfergesellschaft

Erstgespräch: Vorstellung, Job-Skill-Profil, Fragebogen BA (individuell)

Weiterbildungskurse: z.B. Internet, EDV, Logistiksoftware, Englisch (in Gruppen und Kleingruppen)

Abschlussgespräch: Auswertung des Entwicklungsprozesses (individuell)

Bewerbungs- und Orientierungsseminar: Kompetenzbilanzierung und Hinweise zum Bewerbungsprozess (in 3 Gruppen)

Individuelle Beratung: Bearbeitung von aktuellen Themen; kontinuierlicher Abgleich von Situation bzw. Entwicklung mit persönlichen Zielen; Abstimmung von Aktivitäten und dem Lernplan

Didaktisierung der Lernfelder: Entwicklung der Lernlandkarte (individuell) Entwicklung von Zielen: Erarbeitung der Ziellandkarte (individuell)

Neu entwickelte Lerninteressen des Teilnehmers wurden in den Entwicklungsplan aufgenommen (vgl. Neumann/Pomsel 2006). Im Rahmen der individuellen Beratung in der Transfergesellschaft wurden gemeinsam mit einem Teilnehmer, ausgehend von dem Berufsziel LKW-Fahrer,
so beispielsweise Themen wie Vorbereitung auf
die LKW-Führerscheinprüfung, Strategien zum
Ausfüllen von amtlichen Formularen sowie Vorbereitung von Wohnortwechsel bzw. Umzug definiert und bearbeitet. Der Berater begleitete dabei
den Lernprozess, gab aber auch inhaltliche Hinweise. Bei Fachthemen wurde partiell ein Experte
in das Beratungssetting eingebunden.

Die Ergebnisse der Kompetenzbilanzierung und
Zielentwicklung wurden nach wesentlichen Bera-
tungsetappen als Folie zur Überprüfung der Lernfortschritte sowie der Aktualität persönlicher Ziele
genutzt.

Anders als bei der individuellen Beratung be-
standen bezüglich der Unterrichts- bzw. Trainings-
themen im Projekt inhaltliche Vorgaben durch den
Träger der Transfermaßnahme. Entsprechend
schwierig war die Berücksichtigung der erhobenen
Fähigkeiten und Lerninteressen der Teilnehmer.
Innerhalb der Bildungsmaßnahme zur Unterstützung des Beschäftigungstransfers wurde zunächst
das viertägige, sogenannte Bewerbungstraining
realisiert. In der Veranstaltung wurde, wie beschrieben, die Kompetenzbilanzierung durchge-

führt. Zusätzlich wurden in diesem Rahmen wesentliche Informationen zum Bewerbungsprozess und der Erstellung der Bewerbungsunterlagen an die Teilnehmer weitergegeben. Nach dem Bewerbungstraining, in den ersten Beratungssequenzen, erarbeiteten Teilnehmer und Berater zeitnah die individuelle Ziellandkarte und den Entwicklungsplan. Nach dem Abgleich der verschiedenen Lernlandkarten durch den Berater wurden kollektive Lernthemen entwickelt und in einem Workshop mit den Teilnehmern eine Struktur für deren Bearbeitung abgestimmt.

Beispielsweise entstand für den Bereich EDV, anstatt eines geplanten allgemeinen Grundkurses, ein inhaltlich und methodisch stark differenziertes Angebot für die Teilnehmer. In zwei Kleingruppen von jeweils 2 Personen wurde der grundlegende Umgang mit dem Computer bzw. der Umgang mit dem Internet behandelt. Die Veranstaltungen für die Kleingruppen wurden dabei von den Beratern selbst betreut und durchgeführt.

Zusätzlich wurden zwei stärker berufsfachlich orientierte EDV-Kurse organisiert, die sich einerseits an Lagerarbeiter und andererseits an die Mitarbeiter aus Versand und Disposition wendeten. Die entsprechenden Veranstaltungen wurden in Absprache mit den Beratern von einer externen Bildungseinrichtung umgesetzt. Parallel wurden die Teilnehmer aber weiterhin im Rahmen der individuellen Beratung betreut. Ein Wechsel zwischen den unterschiedlichen Angeboten war möglich und wurde von den Teilnehmern auch genutzt. In Absprache mit dem Träger der Transfergesellschaft wurden die Aktivitäten entweder als Beratung oder berufliche Qualifizierung deklariert. Das unterschiedliche Niveau der Geringqualifizierten lässt sich in diesem Beispiel auch daran abbilden, dass diese sowohl in den Kleingruppen, als auch in den beiden berufsorientierten Kursen vertreten waren.

Als positiv an der beschrieben Arbeitsweise bzw. realisierten Binnendifferenzierung lassen sich aus Sicht der Trainer und Berater folgende Aspekte benennen:

- Die Vorgehensweise ermöglicht eine starke Differenzierung der Teilnehmer gemäß ihren Fähigkeiten und Anliegen. Dies entspricht in besonderem Maße der Heterogenität in der Gruppe der sogenannten Geringqualifizierten.

- Die Integration der Lerninteressen und deren Überführung in adäquate Lerninhalte erhöht die Motivation der Teilnehmer. Für Trainer und Berater wird dies dadurch spürbar, dass gerade die Geringqualifizierten sich mit ihren Wünschen und Anliegen stärker in die Bildungsmaßnahmen einbringen.

- Durch die Berücksichtigung nicht nur beruflicher Ziele, sondern auch kurzfristiger Interessen- und Problemlagen, werden operative Lernhindernisse sicht- und bearbeitbar.

- Durch das Erleben unterschiedlicher Lernsettings sowie die Partizipationsmöglichkeiten im Lernprozess entwickeln die Teilnehmer eine größere Sensibilität für eigene Lernpräferenzen und bringen diese selbstbewusst in die Vorhaben ein, wodurch eine häufig vorhandene generelle Abneigung von „Schulungen" jeglicher Art verringert werden kann.

Aus unserer Erfahrung lassen sich aber auch folgende kritische Aspekte benennen:

- Die Rolle der Trainer und Berater verändert sich grundlegend. Sie sind nicht mehr ausschließlich Umsetzer, sondern an der Konzeption der Bildungsmaßnahmen beteiligt. Entsprechend hoch sind die Anforderungen an Kompetenz und Qualifikation des Lehrpersonals.

- Durch die Berücksichtigung der Teilnehmerinteressen, die den Zielen der Auftraggeber zum Teil entgegenstehen, ergeben sich Zielkonflikte. Die Trainer und Berater haben hier eine Mittlerposition inne, die sich in Auseinandersetzungen mit dem Auftraggeber bzw. der Unternehmensführung des Bildungsanbieters niederschlagen kann.

- Der zeitliche Aufwand und die Intensität der Arbeit mit den Teilnehmern bei einer entsprechenden Binnendifferenzierung sind außerordentlich hoch. Die bestehenden Kostenvorgaben der Auftraggeber können so unter Umständen nicht eingehalten werden.

Wie beschrieben, handelt es sich bei unserem Praxisprojekt um die Betrachtung eines Einzelfalls. Die Erfahrungen der Berater und Trainer sowie die Rückmeldungen der Teilnehmer verdeutlichen, dass die dargestellte Form der Berücksichtigung von Kompetenzen, Zielen und Interessen den Lernerfolg der Geringqualifizierten positiv beeinflusst.

3.5. Zugänge zur Organisation

Die Umsetzung der im anschließenden Punkt 6 beschriebenen Gestaltungsmöglichkeiten in die Praxis ist nach unserer Erfahrung wesentlich davon abhängig, inwieweit die beteiligten Organisationen aktiv mitarbeiten bzw. die Arbeit ermöglichen.

Zum Gelingen beigetragen haben vor allem:

- die frühe konzeptionelle Zusammenarbeit zwischen der Transfergesellschaft und den Lehrenden bzw. Beratenden unter Berücksichtigung der Zusammensetzung der Zielgruppe;

- die dementsprechende Freigabe an die Lehrenden zur methodischen Überarbeitung des Seminarkonzepts bzw. zum Einbau von zunächst flexiblen Lerneinheiten zur prozessbegleitenden Anpassung nach Bedarf sowie

- die enge Zusammenarbeit zwischen Lehrenden bzw. Beratenden (möglichst nur ein Ansprechpartner, der das Vertrauen genießt bzw. langsam gewinnt) mit der Unternehmensleitung (Führungsperson vor Ort, die eine „echte" Beziehung zu der betroffenen Belegschaft hat, in unserem Fall der Niederlassungsleiter). Hier war in unserem Fall viel Geduld gefragt, bis ein gutes Vertrauensverhältnis hergestellt war, da zunächst Vorbehalte gegenüber „Beratern", die aus Erfahrungen mit anderen Beratern stammten, abgebaut werden mussten.

Probleme verursacht haben vor allem:

- starke Hierarchien im Unternehmen, wenn für die beteiligten Lehrenden und Lernenden dadurch Kompetenzgerangel und Zeitverlust entstehen;

- die Interpretation der bürokratisch erscheinenden Vorschriften für Transfergesellschaften aus dem Organisationsbereich der Arbeitsagenturen (hier sollte viel weniger auf die Kosten pro Teilnehmer und reine Vermittlungssicht als vielmehr auf den Nutzen für die Beteiligten geachtet werden);

- wenn die eigentlichen Lerner nicht für die Maßnahmen freigestellt werden, weil noch „Restarbeiten" im Unternehmen durchgeführt werden müssen und

- bestehende pauschale Vorbehalte aus Unternehmenssicht gegenüber Lehr-, vor allem aber Beratungspersonal.

3.6. Erfahrungsgeleitete Gestaltungsvorschläge

Zusammenfassend lassen sich die im vorgestellten Praxisprojekt einer Transfergesellschaft gesammelten Erfahrungen der Autoren in den folgenden Gestaltungsvorschlägen darstellen. Diese Vorschläge bieten einen Spielraum für Weiterentwicklungen und Anpassungen in der Praxis von Transfermaßnahmen, immer mit dem Ziel einer besseren Passgenauigkeit von Bildungs- und Beratungsangeboten für die Zielgruppe der Geringqualifizierten.

- die Nutzung von Methoden zur qualitativen Kompetenzerfassung (z. B. Kompetenzbilanzierung mit der Methode der „Lebenskurve") zur Aufwertung und gegenseitigen Wertschätzung von subjektiven Erfahrungen diskontinuierlicher, gebrochener Erwerbsbiographien und deren Wirkungen

- eine individuelle Zielentwicklung, die über die rein beruflichen Ziele hinausgeht (z. B. mit der Methode der „Drei Stühle")

- die Arbeit mit alternativen und zielgruppenorientierten Visualisierungsmethoden zum Abbau von defizitgeleiteten Aktivitätshemmnissen (z. B. in Form von individuellen Landkarten, wie der „Ziellandkarte" und der „Lernlandkarte")

- Vermeidung von „Ausgrenzungen" und „Vorführungen" der „vermeintlich schwächeren" Zielgruppen wie der Geringqualifizierten, durch Wertschätzung und sorgsame Wortwahl (z. B. Vermeidung von im Allgemeinen negativ besetzten Begriffen in der direkten Kommunikation wie bspw. „funktionale Analphabeten" oder Grundbildungsbedürftige)

- die aktive Nutzung des gemeinsamen Lernpotentials von heterogenen Lerngruppen, wie sie in vielen Transfermaßnahmen üblich sind, kombiniert mit der Möglichkeit der Bildung von phasenweise homogenen Kleinstgruppen (z. B. beim Erlernen des grundlegenden Umgangs mit dem PC und dem Internet)

- die Bereitschaft der Entscheider und des Lehrpersonals zur prozessbegleitenden Anpassung von Lern- und Beratungsmethoden, bei Bedarf gemeinsam mit den Teilnehmern

- ein bewusster und zielgerichteter Umgang des Lehr- und Beratungspersonals mit der Rollenvielfalt in Transfermaßnahmen (Gestalter, Trainer, Berater, Prozessbegleiter, Coach)

- keine generelle Trennung zwischen Beratungs- und Trainingspersonal, sondern eine sinnvolle Kombination der Rollen bei gleichem Personal, mit dem Ziel der besseren Vertrauensbildung, Wiedererkennung und Wahlmöglichkeit für die Teilnehmer

- das Angebot einer freiwilligen und flexiblen Nachbetreuungsmöglichkeit für die Teilnehmer nach Abschluss der Transfermaßnahme, gerade bei Transfergesellschaften mit verhältnismäßig kurzen Laufzeiten (im vorliegenden Praxisprojekt nur 5 Monate)

- die Einführung eines flexiblen Bildungs- und Beratungsbudgets, das ergänzend zum üblicherweise standardisierten Transferkonzept und bei Bedarf der Anpassung von Bildungs- und Beratungsleistungen an besondere Zielgruppen genutzt werden kann (siehe auch abschließender Absatz)

Wie eingangs dargestellt, bestehen bei der inhaltlichen und methodischen Ausgestaltung der

Unterstützungsleistungen in Transfermaßnahmen vergleichsweise große Spielräume. Um diese jedoch auszufüllen, erfordert es sowohl in der Konzeptionsphase als auch in der Prozessbegleitung der Transfermaßnahmen von den beteiligten Entscheidern ein hohes Maß an Sensibilität für die Zielgruppen (vor allem der Geringqualifizierten) als auch ein Höchstmaß an Flexibilität zur Abweichung von standardisierten (oft auch zertifizierten) Beratungs- und Bildungsangeboten.

Eine Anpassung an die unterschiedlichen Zielgruppen muss also von den Entscheidern gewollt sein. Da dies unter Umständen einen erhöhten Zeit- und Kostenaufwand bedeuten kann, schlagen die Autoren die Einführung eines optionalen (zusätzlich und abweichend vom Standardbudget) Beratungs- und Bildungsbudgets für Transfermaßnahmen vor, über das in Abstimmung mit den beteiligten Entscheidern im Bedarfsfall flexibel verfügt werden kann. In der Praxis existieren zwar bereits Abstimmungsgremien (Lenkungsausschuss), die turnusgemäß tagen. Mit der Einführung eines flexiblen Zusatzbudgets, als Grundbestandteil der Konzeption einer Transfermaßnahme, könnte man jedoch bereits im Vorfeld ein deutliches Signal setzen, dass man die Passgenauigkeit von Bildungs- und Beratungsangeboten wünscht.

4. Bildung für Geringqualifizierte in Maßnahmen zur Beschäftigungsförderung

Bereits seit Jahren erweist sich die Integration von Langzeitarbeitslosen in den Arbeitsmarkt als große Herausforderung. Zur Erklärung wird auf eine verhängnisvolle Verstrickung von individuellen Motivations- und Qualifikationsproblemen bei den Betroffenen, mit strukturellen Aspekten, wie die mangelnde Nachfrage nach entsprechenden Arbeitskräften und problematischen Anreizsystemen für Lernen und Beschäftigung, hingewiesen (vgl. Reutter 2005, S. 3ff). Die Bemühungen der letzten Jahre haben gezeigt, dass das soziale Netz nicht als Trampolin wirkt, das in die Erwerbsarbeit zurückbefördert, sondern zum prägenden Element des Lebens der darauf Angewiesenen wird (vgl. Schäfer 2006, S. 2). Geringqualifizierte sind statistisch in besonderem Maße von Langzeitarbeitslosigkeit betroffen. Gleichzeitig vollzieht sich mit der Langzeitarbeitslosigkeit eine fortschreitende Dequalifizierung, der die Arbeitskraft der Betroffenen weiter entwertet (vgl. Zimmermann/Hinte/Thalmaier 1999).

4.1. Erklärungsansätze in einem Problembereich

Die besondere Herausforderung für öffentliche Verwaltung und Bildungsanbieter bezüglich der

Zielgruppe der Langzeitarbeitslosen liegt darin, dass allgemeine Erklärungsansätze oftmals keinen Beitrag zur Lösung spezifischer, persönlicher Problemlagen leisten. Wie der Einzelne unterstützt und gestärkt werden kann, ist nicht allgemein zu bestimmen, sondern muss individuell ausgehandelt werden (vgl. Neumann/Pomsel 2010, S. 374f). Entsprechend vielfältig sind die Zielstellungen von Maßnahmen zur Verbesserung der Beschäftigungsfähigkeit von Langzeitarbeitslosen. Die Überwindung motivatorischer Probleme spielt hier ebenso eine Rolle wie Aneignung „arbeitsrelevanter Tugenden". Eine Vermittlung von allgemeinen oder beruflich orientierten Wissensbeständen ist demgegenüber von untergeordneter Bedeutung (vgl. Kettner/Rebien 2007, S. 9ff). In der Öffentlichkeit haben die staatlich organisierten Maßnahmen zum Erhalt bzw. zur Verbesserung der Beschäftigungsfähigkeit von Langzeitarbeitslosen eine kritische Würdigung erfahren. Am Beispiel von sozialen Arbeitsgelegenheiten wird deutlich, dass diese nur für einen kleinen Teil der Langzeitarbeitslosen eine Brücke in den ersten Arbeitsmarkt darstellen (vgl. Kettner/Rebien 2007, S. 53f).

Eine Erklärung für die geringen Vermittlungserfolge ist, dass die Arbeitslosigkeit zumindest partiell auf die mangelnde Beherrschung grundlegender Kulturtechniken zurückgeht (vgl. Bertau 2000, S. 28). Für die Gestaltung von Maßnahmen für Langzeitarbeitlose hätte dies zwei wesentliche

Konsequenzen. Zum einen müsste der Stellenwert der Vermittlung von Grundbildung in Maßnahmen für Langzeitarbeitslose neu definiert werden. Ist die lange Arbeitslosigkeit der Betroffenen tatsächlich auf einen Mangel der Beherrschung von Sprache und Schrift bzw. darüber hinausgehender Kommunikations- und Informationstechniken zurückzuführen, müsste die Aneignung entsprechender Fähigkeiten zentraler Bestandteil von Maßnahmen für die Zielgruppe sein. Darüber hinaus ist zum anderen kritisch zu prüfen, inwieweit die Maßnahmen tatsächlich den Lernpräferenzen der Zielgruppe entsprechen. Stimmen die angewandten Methoden und Vorgehensweisen mit dem Niveau der Sprachbeherrschung der Teilnehmer überein oder werden diese überfordert? Hierbei ist zu klären, wie Lernprozesse gestaltet werden sollten, damit sie an die Zielgruppe anschlussfähig sind und für Lern- und Entwicklungsprozesse öffnen.

Ziel dieses Kapitels ist es, anhand eines Praxisbeispiels die Gestaltungsmöglichkeiten und Wirkungen von Maßnahmen für Langzeitarbeitslose aufzuzeigen.

4.2. Praxisprojekt: Training-into-the-Job

Die Arbeitsgelegenheiten mit Mehraufwandsentschädigung (AGH-MAE), also sogenannte „Ein-Euro-Jobs", sind nach §16 d SGB II (bis 31.12.2008 §16 Abs. 3 SGB II) zusätzliche und im öffentlichen

Interesse stehende Tätigkeiten für die Empfänger von Arbeitslosengeld II (ALG II). Die Arbeitsgelegenheiten müssen zwar im öffentlichen Interesse liegen, aber nicht notwendigerweise gemeinnützig sein. In der Regel handelt es sich hierbei um einfache Helferarbeiten für Kommunen bzw. Gemeinden, beispielsweise in Kindergärten oder im Landschafts- und Gartenbau. Zusätzlich zum Arbeitslosengeld II wird den Teilnehmern an entsprechenden Maßnahmen eine „Mehraufwandsentschädigung" gezahlt. Sie soll dem ALG-II-Empfänger die durch Ausübung der Arbeitsgelegenheit entstehenden Aufwendungen ersetzen, weil diese in der Regelleistung nicht berücksichtigt sind (vgl. Bundesagentur für Arbeit 2007).

Ziel der Arbeitsgelegenheiten ist es, Arbeitslose wieder an die Erwartungen des Arbeitsmarktes, den Rhythmus des Arbeitstages bzw. an Arbeitsdisziplin zu gewöhnen und so die Verwertbarkeit der Arbeitskräfte für Arbeitgeber wieder herzustellen. Die betreffenden Personen sollen für eine Einstellung auf dem ersten Arbeitsmarkt wieder attraktiver gemacht werden.

Zur Unterstützung der Teilnehmer werden in die Arbeitsgelegenheiten mit Mehraufwandsentschädigung zum Teil auch Bildungsmaßnahmen integriert. In diesen, inhaltlich von den zuständigen öffentlichen Verwaltung definierten Bildungsanteilen, sollen die Teilnehmer notwendige Kenntnisse erwerben, um bei der Arbeitsplatzsuche bzw.

bei der Aufnahme einer regulären Beschäftigung erfolgreich zu sein. Realisiert werden die Bildungsanteile in der Regel von regionalen Bildungsträgern.

Bei dem initiierten Praxisprojekt handelte es sich um eine Arbeitsgelegenheit mit Mehraufwandsentschädigung (AGH-MAE), die umgangssprachlich als „Ein-Euro-Jobs" bezeichnet werden. Die Maßnahme bestand dabei nicht nur aus der Organisation einer Beschäftigungsmöglichkeit für die Arbeitslosen, sondern wurde um Bildungsanteile ergänzt. Wesentliches Anliegen war es, innerhalb der Arbeitsgelegenheiten mit Mehraufwandsentschädigung in einem von den Teilnehmern ausgehenden Zielfindungsprozess mögliche Vermittlungshemmnisse zu eruieren, gemeinsam adäquate Maßnahmen zu definieren und in einen Lernprozess zu überführen. Die AGH-MAE-Maßnahme wurde in einem ersten Pilotdurchlauf im Zeitraum Januar bis November 2009 durchgeführt. Ein zweiter Durchlauf fand im Jahr 2010 statt. Die Struktur der Maßnahme kann der folgenden Beschreibung entnommen werden.

(a) Projektinformation und Auswahlprozess

Der Fokus lag hier in der Vorstellung der Ziele der Maßnahme, den Aufbau eines Rapports zu den Lernenden und einen ersten Abgleich der Erwartungen zwischen dem Maßnahmenträger und den Lernenden. Die Auswahl der Teilnehmer erfolgte in Absprache mit der zuständigen ARGE. Zentrales Kriterium war hierbei das grundlegende Interesse an einer Teilnahme. Die angesprochene Voraussetzung wurde in einem persönlichen Gespräch vor der Maßnahme mit den potentiellen Teilnehmern diskutiert und zu Beginn des Projektes nochmals in einem Gruppensetting gemeinsam erörtert. Ein Ablehnen vor Beginn der Maßnahme führte nicht zu Restriktionen durch die ARGE. Die Teilnahme erfolgte also freiwillig. Nach der Entscheidung für die Maßnahme war die Teilnahme für die Betroffenen dann aber verbindlich.

(b) Kompetenzbilanzierung/Zielentwicklung

Im Kontext der Kompetenzbilanzierung wurden mehrere Instrumente, gemeinsam mit den Lernenden, genutzt. Unter anderem kamen die Lebenskurve sowie die „Methode der drei Stühle" zum Einsatz (siehe auch Kapitel 3). Im Ergebnis wurde eine persönliche Ziellandkarte entwickelt und persönliche Lernfelder in eine gemeinsame Lernlandkarte überführt, die als Ausgangspunkt für die geplanten Lernblöcke diente.

(c) Inhaltlich orientierte Lernblöcke

Die Bildungsanteile wurden sowohl in Groß-, als auch in Kleingruppen realisiert. Die einzelnen Lernkomplexe umfassten dabei Inhalte, die dem Grundbildungskanon zugerechnet werden können.

- Sprache (Deutsch, Rechtschreibung, Lesen von Informations- und Gebrauchstexten),

- Mathematik (Auffrischen der Kenntnisse der Grundrechnungsarten, Rechnen im Alltag)

Über ein engeres Grundbildungsverständnis hinaus, wurden im Rahmen der Maßnahme folgende, weitere Lernkomplexe durchgeführt:

- Kommunikation (der Mensch in seinen Beziehungen zur Welt/Umwelt und zu anderen Menschen, Kommunikationspsychologie im Alltag, Verständigung, Kompromisse und Konflikte)

- Gesundheit (gesunde Ernährung, gesunde Lebensführung, Stress, gesundheitsfördernde Verfahren und Trainings wie z. B. Qi Gong, Progressive Muskelentspannung, etc.)

- Zeitmanagement (Prioritäten setzen, Terminplanung, Arbeit mit Kalendern und Zeitsystemen)

- Computer/Internet (die Arbeit mit dem Computer erfolgt sowohl im Rahmen eines eigenen Lernkomplexes als auch lehrgangsbegleitend bei der Bearbeitung unterschiedlicher Inhalte aus den anderen Lernkomplexen)

Die dargestellten Inhalte der Lernkomplexe waren nicht als geschlossener Lehrplan angelegt. Sie

resultierten aus einem Lern- und Beratungsprozess, orientiert an den Interessen und Zielen der
Teilnehmenden.

Abbildung 7: Ablauf des Bildungs- und Beratungsprozesses innerhalb der Arbeitsgelegenheit
mit Mehraufwandentschädigung

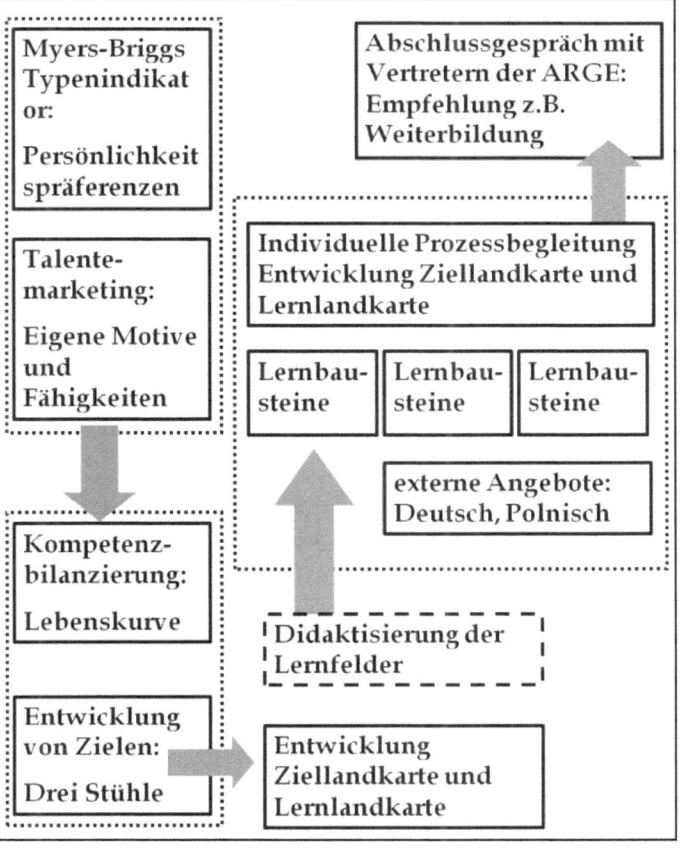

(d) Individuelle Lernprozessbegleitung

Ergänzend zu den Lernkomplexen sollte mit der Lernprozessbegleitung auf individuelle Interessen und Ziele sowie spezifische persönliche Konstellationen, beispielsweise in Bezug auf die eigene Lernbiographie oder die familiäre Konstellation, eingegangen werden. Inhalt und Vorgehensweise wurden in einem Dialog zwischen Berater und dem Teilnehmenden bestimmt. Im Rahmen des Entwicklungsprozesses diente die Lernprozessbegleitung der Überprüfung und Weiterentwicklung persönlicher Ziele sowie der Abstimmung des Lernverlaufs. Ein wiederholender Bestandteil war die Bearbeitung der individuellen Ziel- und Lernlandkarte bzw. die damit einhergehende Sammlung von Informationen zur Umsetzung der eigenen Ziele.

4.3. Zielgruppenorientierte Gestaltung der Maßnahmen zur Beschäftigungsförderung

Entsprechend der zuvor dargestellten Zielstellung ging es in diesem Praxisprojekt zunächst darum, die Bildungsmaßnahmen an der Zielgruppe der Geringqualifizierten auszurichten. Nach unserer Erfahrung kann dies nur gelingen, wenn die Teilnehmer selbst in den Prozess der Gestaltung einbezogen werden. Die Orientierung an den Kompetenzen, die Beteiligung an der Auswahl von Lerninhalten und -methoden sowie der Umgang miteinander „auf Augenhöhe" erhöht die Bereitschaft zur Partizipation und Aktivität der Teilnehmer.

Die zur angesprochenen Vorgehensweise ausgewählten Instrumente sind jeweils für sich betrachtet, nicht neu. Neu erscheint uns dagegen die Nutzung der Instrumente zur konsequenten Orientierung an den Teilnehmern, mit ihren subjektiven Fähigkeiten und Fertigkeiten, Wünschen und Zielen sowie Lernpräferenzen. Die aus unserer Sicht wesentlichen Gestaltungsmerkmale sind im Folgenden kurz dargestellt.

Einbinden von Bedürfnissen und Zielen: Voraussetzung der Lernmotivation ist das Wissen um persönliche Ziele bzw. Nutzererwartungen sowie das Herstellen eines Sinnzusammenhangs zu den Aktivitäten im Lernprozess. Im Rahmen beider Projekte nahm die Entwicklung und Formulierung von Zielen, Wünschen bzw. Bedürfnissen einen großen Raum ein. Ziel dieses Vorgehens war nicht die Festlegung auf eine bestimmte berufliche Zukunft oder ein Tätigkeitsfeld, sondern es sollte das Nachdenken über aktuelle und langfristige persönliche Ziele bei den Teilnehmern angeregt werden. Nach Wahrnehmung der Autoren war die Beschäftigung mit den „echten" eigenen Wünschen und Zielen für die Teilnehmer eine Voraussetzung, sich für den weiteren Lernprozess zu öffnen. Die Trainer und Berater in den Maßnahmen hatten mit der Erörterung von Zielen die Möglichkeit, sich auf die individuelle Lebenswelt, die Motive und Werte der Teilnehmer zumindest ein Stück weit einzulassen. Im Rahmen der individuellen Beratung wurden nach einer Diskussion zu Prioritäten und Hindernissen die Ziele auf einer sogenannte Ziellandkarte visualisiert. In den weiteren Beratungssitzungen diente dieses Instrument dazu, die Relevanz und Realisierbarkeit der Anliegen bzw. Ziele immer wieder abzugleichen.

Bilanzierung von Kompetenzen: Wie beschrieben verstehen wir unter Kompetenzbilanzierung eine Vorgehensweise, bei der neben den formell erworbenen auch informell angeeignete Kompetenzen Berücksichtigung finden (vgl. Nitzsche/Borner 2008). Im Projekt wurde die Bilanzierung von Kompetenzen als mehrstufiges Verfahren in unterschiedlichen Lernsettings realisiert. Hierdurch sollten sich die Teilnehmer möglichst umfassend mit eigenen Stärken und Potentialen auseinandersetzen. Die individuelle Kompetenzbilanz wurde dann als Orientierung für den weiteren Lernprozess genutzt. Sie wurde im Laufe des Beratungsprozesses immer wieder aufgegriffen, um Lernfortschritte und -bedarfe sichtbar zu machen. Gleichzeitig wollten wir uns mit der Kompetenzbilanzierung von Instrumenten der Lernkontrolle abgrenzen, wie sie im schulischen Kontext verwendet werden.

Reflexion zu Lernbedarfen und Lernfortschritten:
Auch wenn die Gruppe der Geringqualifizierten
nicht als homogen betrachtet werden darf, ist auffällig, dass sich bei dieser Personengruppe „besondere Problemlagen kumulieren". Besonders
kritische Aspekte sind hierbei die negativen Lern-
biographien sowie „die Angst vor formalen Lern-
kontexten, in denen Versagen öffentlich werden
könnte" (Reutter 2006, S. 4). Der Einsatz klassi-
scher Tests oder Lernkontrollen, analog der Prü-
fungen bzw. Klassenarbeiten in der Schule, führt
bei einem Großteil der Geringqualifizierten zu
Blockaden, Widerstand bis hin zum Abbruch der
Bildungsmaßnahme. Gerade zu Beginn einer Maßnahme sollten mit den Teilnehmern dialogisch
Kompetenzen bilanziert und Lernbedarfe entwik-
kelt werden. Im weiteren Prozess ist dann mit den
Teilnehmern zu klären, ob Prüfungssituationen,
wie beispielsweise ein Rollenspiel zur Vorbereitung auf ein Vorstellungsgespräch, für den weiteren Lernprozess nützlich wären.

Partizipation im Lernprozess: Auf der Grundlage
der Kompetenzbilanzierung sowie der entwickelten Ziele wurde mit den Teilnehmern innerhalb
der individuellen Beratung ein strukturierter
Lernplan erarbeitet. Mit Hilfe der Ziellandkarte
wurden, im Abgleich mit den bilanzierten Kompetenzen, potentielle Lernfelder abgestimmt und auf
einer Lernlandkarte dargestellt. Die individuelle
Lernlandkarte wurde eingesetzt, um den Teilneh-

mern den weiteren Lernprozess transparent dar-
zustellen.

Darüber hinaus wurde anhand der Lernlandkarte die Reihenfolge und Form der Bearbeitung
einzelner Lerninhalte abgestimmt. Sie sollte also
zur Beteiligung an der Gestaltung der Bildungsanteile anregen. Auch die Lernlandkarte wurde im
individuellen Beratungsprozess wieder aufgegriffen, um die Aktualität und Stimmigkeit der gemeinsam getroffenen Vereinbarungen zum Lernprozess zu überprüfen. Parallel zu dieser Vorgehensweise auf Individualebene wurden den Beteiligten häufig benannte Lerninhalte in einem Workshop vorgestellt und gemeinsam Lernsettings im
Bearbeitungsprozess abgestimmt.

Die Lernmodule im Rahmen von AGH-MAE-
Maßnahmen, deren Inhalte grob vorgegeben waren, konnten so aus Teilnehmersicht um wesentliche thematische Aspekte erweitert werden. Beispielsweise wurden in das Modul Mathematik die
Themen „Entwickeln und Führen eines Haushalts-
buches" bzw. „Kontrolle von Rechnungen" integriert. Weiterhin wurden, entsprechend ihren spe-
ziellen Lerninteressen, Kleingruppen gebildet, die
Themen wie Konfliktmanagement, Integration in
Arbeitsteams und Stressbewältigung bearbeiteten.

Binnendifferenzierung und Methodenvielfalt:
Anders als häufig in den Medien dargestellt, sind
Geringqualifizierte nach Einschätzung der Auto-

ren keine Zielgruppe mit homogenen Kompetenzniveaus, Einstellungen und Motiven (vgl. Groß 2006). Innerhalb der vorgestellten Praxisprojekte wurde dies gerade im Rahmen der Kompetenzbilanzierung und Zielentwicklung deutlich. Die einzige Möglichkeit, dem Einzelnen gerecht zu werden, war nach Einschätzung der Trainer und Berater eine starke Differenzierung innerhalb der Teilnehmergruppen. Ein Ausdruck hierfür ist die große Bedeutung des individuellen Beratungsprozesses in den Projekten. Das Einzelsetting wurde hierbei nicht nur zur Lernprozessbegleitung, sondern auch zur Vermittlung von Spezialinhalten für Einzelpersonen genutzt.

Visualisierung im Lernen: Verstehendes Lesen und Schreiben sind nach Erfahrung der Autoren zumindest für einen Teil der Geringqualifizierten eine große Herausforderung. Gleichzeitig werden innerhalb des Beratungsprozesses, mit persönlichen Kompetenzen und Zielen, Themen diskutiert, die als außerordentlich vielschichtig bzw. facettenreich anzusehen sind. Eine visuelle Darstellung erscheint unerlässlich, um die erarbeiteten Themen fass- und besprechbar zu machen. Bisher genutzte Verfahren der Kompetenzbilanzierung weisen häufig eine starke Textlastigkeit auf. Sowohl Arbeitsanweisungen, als auch die daraus resultierenden Ergebnisse sind umfassend schriftlich zu dokumentieren. Als Beispiel sei hier auf den Profilpass verwiesen.

Nach Einschätzung der Berater wirkt dies auf einen Teil der Geringqualifizierten abschreckend. Die Darstellung von Arbeitsergebnissen aus dem Lern- und Beratungsprozess ist von großer Bedeutung, allerdings darf sie nicht Selbstzweck, sondern muss für Berater und Teilnehmer hilfreich und nutzbar sein. Mit der Ziel- und Lernlandkarte wurde eine Darstellungsform gewählt, mit welcher eine Vielzahl von miteinander verbundenen thematischen Gegenständen, mit Hilfe von Schlagworten und Symbolen, abgebildet werden können. Die Teilnehmer erhalten so „auf einen Blick" die entwickelten Ziele bzw. Lerninhalte und müssen sich zur Vergewisserung bezüglich der Arbeitsergebnisse nicht in Texte oder Formulare einlesen. Da die Ziel- und Lernlandkarten lediglich mit Hilfe von „Zettel und Stift" gemeinsam mit dem Teilnehmer entwickelt werden, sind auch Veränderungen bzw. Ergänzungen möglich. Es kann somit der Dynamik von Kompetenz- und Zielentwicklung Rechnung getragen werden.

4.4. Effekte im Kontext des Lernprojekts

Um sich von anderen Projekten abzusetzen, wurden gerade für das Teilprojekt im Kontext der AGH-MAE-Maßnahme sehr umfangreich die Effekte im Rahmen einer summativen Evaluation erfasst (vgl. Neumann/Pomsel/Stanik 2011). Hierbei werden zwischen den Sichtweisen der Mitarbeiter der öffentlichen Verwaltung, den Wahrnehmungen der Berater bzw. Trainer sowie den Beschreibungen der Teilnehmer unterschieden.

Als objektive Erfolgsindikatoren können die Vermittlungserfolge aufgefasst werden, die im Zusammenhang mit dem Projekt erzielt werden konnten. So haben von den 16 Teilnehmern des Projekts nach bzw. während der Maßnahme vier Personen eine Arbeitsstelle angetreten. Weitere drei Teilnehmer haben eine Qualifizierung, beispielsweise als Dreher, Koch oder Kindererzieherin begonnen. Eine weitere Person wurde während des Projekts auf einen Test für eine Berufsausbildung bzw. auf eine berufspraktische Erprobung vorbereitet.

Es ist allerdings auch darauf hinzuweisen, dass nicht alle Teilnehmer aktiv versucht haben, eine neue Arbeitstätigkeit aufzunehmen.

Neben der Vermittlungsquote, die sicher als der wesentliche Indikator zur Bewertung von Maßnahmen der Beschäftigungsförderung durch die öffentliche Verwaltung angesehen wird, konnten im Rahmen der summativen Evaluation weitere Effekte auf unterschiedlichen Ebenen nachgewiesen werden.

4.4.1 Effekte aus Teilnehmerperspektive

Um Einschätzungen der Teilnehmenden zu Ablauf und Wirkung des Lernprojektes zu erheben, wurden die Betroffenen nach Abschluss der Maßnahme zur Beurteilung des Projekts bzw. der einzelnen Inhalte aufgefordert. Die Befragung ergab eine überwiegend positive Einschätzung. Einen besonderen Zuspruch erfuhren dabei jene Lerneinheiten, in deren Mittelpunkt die Beschäftigung mit Computer bzw. EDV stand. Es lässt sich ableiten, dass gerade dieses Themengebiet für die Teilnehmer von besonderer Wichtigkeit war. Ebenfalls überwiegend positiv eingeschätzt wurde die Beschäftigung mit der eigenen Biografie bzw. den im Lebensverlauf erworbenen Kompetenzen. Die Anwendung der erwachsenenpädagogischen Leitprinzipien, wie Biografie- und Kompetenzorientierung, in der Zielgruppe findet hier ihre Bestätigung. Keine expliziten Wertungen gab es bezüglich der Lernprozessbegleitung sowie der didaktischen Gestaltung des Projektes. Mehrfach positiv herausgestellt werden demgegenüber das selbständige Arbeiten, die Arbeit in Kleingruppen sowie die Möglichkeit des gegenseitigen Austauschs. Kritisch äußerten sich die Teilnehmer in Bezug auf das Kompetenzniveau insbesondere bei den Lerninhalten Computer, Deutsch und Mathematik. Die Unterschiede bezüglich Fähigkeiten und Kenntnisse scheinen gerade bei diesen Themen als besonders gravierend empfunden worden zu sein. Für künftige Kurse empfiehlt es sich hier eine stärkere Binnendifferenzierung zu realisieren und den Lernstoff noch stärker in Kleingruppen oder in Lerntandems zu erarbeiten.

Als außerordentlich positiv ist zu bewerten, dass die Teilnehmenden mit der Maßnahme zu neuen Vorgehensweisen in Bezug auf ihren Bewerbungsprozess angeregt wurden. So wurden neue Bewerbungsstrategien verfolgt, es erhöhte sich die Bereitschaft Praktika auch in anderen Regionen anzunehmen und die Kompetenzen wurden stärker als bisher in den Vordergrund gestellt. Die Teilnehmenden berichteten aber auch von positiven Effekten bezüglich Motivation und Selbstbewusstsein. Sie nehmen das eigene Verhalten als initiativer wahr, beschreiben, wieder Mut gefasst zu haben und treten selbstbewusster auf (vgl. Neumann/Pomsel/Stanik 2011).

4.4.2. Effekte aus der Perspektive der Berater

Bei der Darstellung der Effekte im Kontext des Lernprojektes für Langzeitarbeitslose heben die Trainer und Berater insbesondere die Verbesserung der kommunikativen Fähigkeiten hervor. „Die Teilnehmer können in formalisierten Settings nun angemessen kommunizieren und dem Anlass entsprechend auftreten (Neumann/Pomsel/Stanik 2011). Weitere positive Effekte betreffen den Umgang der Teilnehmer untereinander, der als höflicher eingeschätzt wird, sowie eine steigende Wertschätzung für die Maßnahme.

Darüber hinaus heben Trainer und Berater eine Reihe weiterer positiver Effekte hervor, die im Zu-

sammenhang mit der Durchführung der Maßnahme wahrnehmbar waren.

- Vorbehalte der Teilnehmenden bezüglich der Maßnahme konnten verringert werden.

- Die Teilnehmenden wurden im Projektverlauf immer aktiver und wirkten häufiger auf die Gestaltung der Lerneinheiten ein.

- Die Teilnehmer wurden zum intensiven Nachdenken über ihr Lernverhalten angeregt.

- Die Fähigkeit Sachverhalte im Rahmen von Präsentationen Dritten zu vermitteln, verbesserte sich.

- Die Teilnehmer eigneten sich ein Verständnis zu notwendigen Kompetenzen am Arbeitsmarkt an.

- Das eigene Leben wurde von den Teilnehmern wieder stärker in die eigene Hand genommen und bewusst gestaltet.

- Ein Teil der Befragten konnte aus einer eher abwartenden Haltung herausgeholt werden. Problemlagen wurden bewusst angesprochen, bearbeitet und Unterstützung aktiv eingefordert.

4.4.3 Effekte aus der Perspektive der öffentlichen Verwaltung

Um auch die Perspektive der öffentlichen Verwaltung zu integrieren, wurde auch der für das Projekt verantwortliche Mitarbeiter der öffentlichen Verwaltung zu Entwicklungen bei den Teilnehmern und Effekten befragt.

Aus seiner Sicht sind folgende Ergebnisse hervorzuheben (Neumann/Pomsel/Stanik 2011).

- Die öffentliche Verwaltung kann besser als bisher die Teilnehmer mit ihren Stärken und Schwächen einschätzen.

- Mit den Informationen aus den Lernprojekt können die individuelle Interessen der Teilnehmenden gezielter angesprochen werden.

- Auch aus Sicht des Betreuers der Maßnahme haben sich einige Teilnehmer positiv entwickelt und gestalten ihr Leben aktiver.

- Das Selbstwertgefühl einiger Teilnehmer hat sich erhöht.

- Die Teilnehmer haben sich in den Themengebieten Wissen angeeignet.

Es ist aber auch darauf hinzuweisen, dass gerade bei den biografischen Methoden das Risiko besteht, dass diese als „Intensivprofiling" missbraucht werden. Hier wäre es aus Sicht der Autoren wichtig, „eindeutige Regelungen zu treffen, welche Inhalte aus dem Lehr-Lernsetting wie und in welcher Form dokumentiert ... und weitergebennen werden" (Neumann/Pomsel/Stanik 2011).

4.5. Gelingensfaktoren bei Bildungsträgern und öffentlicher Verwaltung

Der Erfolg von Bildungsmaßnahmen hängt nach Erfahrung der Autoren aber nicht nur von der Anschlussfähigkeit an die Zielgruppe ab. Vielmehr ist eine Passung zu den Anforderungen der durchführenden Bildungsträger sowie der Auftraggeber notwendig, damit Projekte mit einer entsprechenden Ausrichtung keine „Eintagsfliegen" bleiben. Im Folgenden sollen jene Faktoren spezifiziert werden, die nach unseren Erfahrungen die Bereitschaft von Bildungseinrichtungen und öffentlichen Auftraggebern verstärkt, sich einer „anderen" Form der Durchführung von SGB-Maßnahmen zu öffnen.

Rollenschärfung – vom Lehrer zum Gestalter und Begleiter: Wie dargestellt, erfordert die Arbeit mit Geringqualifizierten eine stärkere Binnendifferenzierung bezüglich Lerninhalten und Lernsettings. Um dies zu ermöglichen, darf das Lehrpersonal in solchen Maßnahmen nicht mehr nur für die Durchführung verantwortlich sein, sondern muss im Austausch mit den Teilnehmern, auch für die Auswahl der Lerninhalte und -settings sorgen. Für die Lehrenden in den Maßnahmen resultiert hieraus ein neues Anforderungsprofil. Sie sind nicht mehr nur im direkten Kontakt mit den Teilnehmern an der Umsetzung von vorgegebenen Bildungsmaßnahmen beteiligt, sondern sind in die Konzeption, Didaktisierung und Organisation von Bildungsvorhaben integriert. Darüber hinaus sollten sie in Zukunft als Experten für Zielgruppen schon in die Aushandlungsprozesse mit dem Auftraggeber eingebunden sein.

Flexibilisierung der Weiterbildungsbudgets: Eine stärkere Binnendifferenzierung ist häufig mit der Forderung nach einer Erhöhung des zur Realisierung notwendigen Budgets verbunden. Wichtiger ist nach unserer Einschätzung die Flexibilisierung des vorhandenen Budgets für entsprechende Maßnahmen. Ohne Berücksichtigung der Teilnehmerbedürfnisse, festzulegen, wie viele Stunden für Beratung oder Unterrichtseinheiten notwendig sind, erscheint nicht sinnvoll. Wie in den Projekten sollte für die Lerngruppe bzw. pro Teilnehmer ein Kontingent von Stunden ausgehandelt werden, dass dann in Abhängigkeit von den Bedürfnissen der Teilnehmer in einen strukturierten Lernplan überführt werden kann. Der Lernbegleiter kann so, entsprechend der Situation und den Teilnehmern, flexibel zwischen Gruppen- und Einzelsettings sowie anschlussfähigen Inhalten auswählen.

Geschäftsfeldentwicklung für Bildungsträger: Die durchführenden Bildungsträger entsprechender Maßnahmen bewegen sich bereits seit Jahren in einem Spannungsfeld von Qualität und Preis, in dem mit den öffentlichen Trägern immer wieder neu die Relation zwischen anfallenden Kosten und teilnehmergerechten Angeboten ausgehandelt wird. Das Resultat sind Alibi-Bildungsmaßnahmen für Geringqualifizierte, die einseitig an den Vorgaben der öffentlichen Träger ausgerichtet sind und kaum Platz für die Spezifik der Zielgruppe lassen.

In dem sich verschärfenden Wettbewerb zwischen den Anbietern wird die Bereitschaft eigene Angebote zu verändern bzw. zielgruppenspezifisch anzupassen, nur dann gegeben sein, wenn sich hieraus ein ökonomischer Nutzen für die Bildungsunternehmen ergibt. In den Projekten wurde eine Professionalisierung der Bildungsträger auf entsprechende Zielgruppen und eine damit verbundene Geschäftsfeldentwicklung angeregt. Die Aussicht auf ökonomischen Erfolg und eine entsprechende Resonanz durch die öffentliche Verwaltung bzw. die Arbeitsagentur verstärkt den Willen der Bildungsträger sich, flexibler als bisher, auf die Zielgruppe der Geringqualifizierten einzulassen.

Schnittstellen bedienen und Vertrauen entwickeln: Die Beschreibung der Interessen beteiligter Akteure an der Durchführung von Bildungsprojekten für Geringqualifizierte macht ein häufiges Gegeneinander von Arbeitsagenturen und den Bildungseinrichtungen deutlich. Während die öffentliche Verwaltung sich auf politische Vorgaben beruft, weisen die Bildungsträger auf die Bestimmungen der Arbeitsagentur bzw. öffentlichen Verwaltung hin, die eine „bessere" Durchführung von Maßnahmen für die Zielgruppe verhindern. Notwendig ist nach Erfahrungen der Autoren ein offener Abgleich von Erwartungen und Interessen der Akteure sowie die Aushandlung von Kompromissen bezüglich der Rahmenbedingungen und Ziele solcher Projekte.

Für Bildungsträger hat dies zwei wesentliche Konsequenzen. Zum einen müssen sie bereit sein, sich auf Augenhöhe mit der öffentlichen Verwaltung zu bewegen. Dies bedeutet auch, Rückmeldung zu geben, wenn die Vorgaben der öffentlichen Verwaltung nicht anschlussfähig an die Bedürfnisse und Präferenzen der Zielgruppe sind. Zum anderen sollten die Bildungseinrichtungen bereit sein, sich auf die Logik der öffentlichen Institutionen einzulassen. Dies bedeutet gerade nicht, alle Durchführungsbestimmungen ohne weiteres umzusetzen, sondern mit den Verantwortlichen abzustimmen, in welcher Form institutionelle Vorgaben eingehalten werden können. Im Rahmen der vorliegenden Projekte wurde relativ früh der Kontakt zu den öffentlichen Trägern gesucht und gemeinsam Gestaltungsspielräume sowie Notwendigkeiten, bezüglich des Nachweises von Transparenz und Aktivitäten in den Bildungsprojekten, abgestimmt.

Pilotprojekte und Fehlerkultur: Noch immer scheint die Angst vor Fehlern den Umgang der Bildungsträger mit Arbeitsagenturen und öffentlicher Verwaltung zu bestimmen. Die beschriebenen Maßnahmen hatten den Status von Pilotprojekten, verbunden mit der Chance, neue Wege im Sinne der Zielgruppe zu beschreiten, aber auch des Risikos zu Scheitern. Gerade die von Anfang an bestehende Transparenz, dass im Laufe des Prozesses Schwierigkeiten auftreten können, förderte bei allen Beteiligten die Bereitschaft, Erwartungen offen auszusprechen und bei auftretenden Problemen lösungsorientiert zu agieren. Künftigen Projekten ist zu wünschen, dass es gelingt, diese Kultur zu erhalten und in der alltäglichen Zusammenarbeit zwischen Lehrenden, Bildungseinrichtungen und den öffentlichen Trägern zu leben.

4.6. Hindernisse bei Bildungsträgern und Auftraggebern

Bildungsmaßnahmen im Kontext von Grundbildungsarbeit und den Bestimmungen der Sozialgesetzbücher bewegen sich natürlich nicht autark und unabhängig, sondern unterliegen systemimmanenten Bedingungen, Schwierigkeiten und Hindernissen, die im Weiteren beschrieben werden sollen.

Zwang zur Ausschreibung der Maßnahmen: Der Erfolg der beschriebenen Projekte wurde durch eine enge Beziehung zwischen Auftraggeber und Auftragnehmer begründet. Erfahrungen, Kontexte und spezielle Erwartungen seitens der öffentlichen Träger konnten in die Rahmenplanung des Projektes aufgenommen und im Prozess weiterentwickelt werden. Dieser Gelingungsfaktor kann unter Umständen abhanden kommen, wenn nach Beendigung der Pilotphase des Projektes die Maßnahme in die bestehende Ausschreibungslandschaft eingebunden werden soll. Diese potentielle Gefahr beschreibt sich auf zwei Feldern: der Drang zur Kostenoptimierung der Maßnahmen durch die Anbieter von Bildungsmaßnahmen (die im Weiteren noch beschrieben werden soll) und durch Deutungsproblematiken seitens der Anbieter bei Ausschreibungsinhalten und der Auswahl von potentiellen Angeboten.

Verwaltungsorientierung statt Prozessorientierung: Die Mitarbeiter der öffentlichen Verwaltung bzw. der Arbeitsagentur stehen unter massivem Erwartungsdruck seitens unterschiedlicher gesellschaftlicher Kräfte. Diese Erwartungen manifestieren sich über Strukturen, gesetzliche Vorgaben und Organisationsabläufe, die dann auf die unterschiedlichen Lebenswelten der ALG-II-Empfänger (Kunden) treffen. Selten sind beide deckungsgleich.

Der Druck der Mitarbeiter der Arbeitsagentur offenbart sich dann oftmals in einer einseitigen

Verwaltungsorientierung auf bestehende, routinierte Abläufe und Vorschriften, was nichts anderes ist, als eine aktive persönliche Fehlervermeidung im Kontext des Systems der öffentlichen Verwaltung. Hier Spielräume zu eröffnen und Freiräume im Sinne der Aktivierung der Lernenden zu nutzen, ist aus unserer Sicht ein Garant für den Erfolg dieser Projekte.

Mangelnde Differenzierung der Zielgruppen: Um dem Postulat der Binnendifferenzierung im Projekt (über Lerninhalte und Lernsettings) Rechnung zu tragen, bedarf es einer ersten Differenzierung der Teilnehmer vor Beginn der Maßnahmen. Hier zeigt sich auch, dass Projektstruktur und -ablauf nicht auf alle erdenklichen Lerninteressen passfähig sind.

Zwei wesentliche Teilnehmergruppen lassen sich dabei (fast) ausschließen. Die Situation der ersten Gruppe ist durch starke gesundheitliche Probleme bzw. Einschränkungen geprägt. Die Schwierigkeiten der Betroffenen manifestieren sich im Alltagsverhalten. Hier treffen Problemlagen der potentiellen Teilnehmer auf nicht vorhandene therapeutische Berufs- und Erfahrungswelten der Prozessbegleiter. Eine strikte Professionstrennung ist aus berufsethischen Gründen unablässig und muss dem Auftraggeber klar kommuniziert werden.

Die zweite Gruppe, bei der das Projekt ins Leere laufen kann (ja muss) ist die geringe, aber in Praxis vorhandene Gruppe der sich aktiv Verweigernden. Dem Ansatz potentielle Ziele der öffentlichen Verwaltung (Kontrolle des Teilnehmers, Druckausübung, Verhinderung von Schwarzarbeit) in das Projekt aufzunehmen und zu verfolgen, stehen die Autoren sehr kritisch gegenüber, weil dies den Pfad der Lernprozessbegleitung verlässt und dem eigentlichen Anliegen der Maßnahme entgegensteht.

Projekte zu jedem Preis?: Die ökonomischen Schockwellen im Zusammenhang mit den Hartz-IV-Reformen und der sich verändernden Rolle von Projekt- und Bildungsträger durchdringen immer noch die Projektlandschaft. Die Budgetknappheit wird zum bestimmenden Argument in der Diskussion bzw. die mangelnde Effizienz gerät verstärkt in den Fokus der Betrachtungen von Maßnahmen. Der damit einhergehende Impuls zur Kostenoptimierung von Maßnahmen zur Beschäftigungsförderung betrifft alle Projekt- bzw. Bildungsträger.

Jeder Stein wird im Kontext der ökonomischen Passfähigkeit geprüft, bewertet und umgesetzt. Die Ökonomisierung der Projekt- und Bildungslandschaft wird vorangetrieben, inhaltliche Debatten werden nachrangig oder überhaupt nicht mehr geführt. Die „Spitze des Eisbergs" scheint noch nicht erreicht. Es zeichnet sich aber bereits das

Szenario eines permanenten Kostenwettbewerbs ab, bei dem der Preis das einzig relevante Auswahlkriterium zum Gewinn von Ausschreibungen ist. Die Debatte um die Effizienz von Bildungsmaßnahmen ganz zu vernachlässigen, ist unrealistisch.

Die Perspektive muss aber zwingend um gesellschaftliche Elemente erweitert werden. Einerseits müssen hier die Rückmeldungen, Meinungen und Sichtweisen der Betroffenen Berücksichtigung finden. Darüber hinaus sollten aber auch andererseits die langfristigen Wirkungen einer entsprechenden Bildungsstrategie in den Blick genommen werden. Eine an reiner Kostenoptimierung orientierte Bildung, abgekoppelt von den Bedürfnissen der Zielgruppe, dürfte für die Lernkompetenz und Lernmotivation der Betroffenen nicht gerade förderlich sein und deren gesellschaftliche Exklusion noch verstärken.

Erfahrungswelten der Lernenden und Prozessbegleiter: Der Beratungsprozess mit den Teilnehmern war durch viele Erfolgserlebnisse geprägt. Kleine Schritte der Teilnehmer auf ihrem Lernweg, neue Lernimpulse im täglichen Leben und Entdeckung von Stärken sind beschreibende Erfolge. Dies soll nicht darüber wegtäuschen, dass bei allem Rapport zu den Teilnehmern, die Erfahrungswelten weit, manchmal zu weit auseinander liegen. Erfahrungswelten gemeinsam zu deuten,

Lernfelder zu entdecken und eine Ziellandkarte zu entwickeln, bedeutet dabei eine hohe Profession, die aber auch Grenzen hat.

Milieuspezifische Sprachen, aber auch Verhalten des Lernenden und des Prozessbegleiters treffen aufeinander und müssen gegenseitig gedeutet werden. Eine komplette, absolute Deutungsgleichheit ist dabei nur theoretisch möglich. Wichtig aus Sicht des Beraters ist es dabei, Zuschreibungen auch in Bezug einer (wahrgenommen und einer selbsterfüllenden) Milieuzugehörigkeit des Lernenden einer steten kritischen Betrachtung zu unterziehen (vgl. Rosenhan 1983).

Ökonomisierung der Lebenswelten: Die Ökonomisierung der Lebenswelten schreitet voran und macht auch bei den Lernenden nicht halt. Auch hier sind die Hartz-IV-Reformen ursächlich und wirken bis heute nach. Der (aus Sicht der Trainer und Berater) Konstruktionsfehler bei der Gestaltung des Anreizsystems war die Fokussierung auf eine rein ökonomische Perspektive, mit Regelsätzen, Zuver-dienstgrenzen, bzw. Zuschüssen, in deren Dunstkreis sich eine ganze Hartz-IV-Beratungs-Industrie etabliert hat und weiter gut verdient.

Auch ein Teil der ALG-II-Empfänger reduziert die eigenen Entwicklungschancen auf eine rein ökonomische Ebene und sieht die andere (wichtigere) Perspektive nicht - die Teilhabe am gesellschaftlichen Leben. Gefragt wird ausschließlich nach dem monetären Nutzen. Die damit verbundene Gefahr besteht darin, alle Aktivitäten mit einer Nutzenfunktion hinterlegen zu wollen. Diese neo-klassische „Brille" der Nutzenbewertung grenzt aber das Verhalten und die Motivation der Lernenden ein bzw. begrenzt das Lernen und steht im Mittelpunkt der Diskussion um neue Ansätze des ökonomischen Denkens (vgl. Akerlof/Shiller 2009).

System „Familie" und die Grenzen der Prozessbegleitung: In der wissenschaftlichen Diskussion ist anerkannt, dass beraterisches Handeln und dessen Wirkung nicht monokausal bzw. eindimensional, sondern im Kontext von Systemen stattfindet. Ein wesentliches Bezugssystem in unserer Arbeit war das System „Familie" des Lernenden - positiv wie negativ. Der mit dem Begriff der Homöostase umschriebene Gleichgewichtszustand, der durch Selbstregulation innerhalb des Systems Familie erreicht wird, spielte im Beratungsalltag immer wieder eine entscheidende Rolle. Beispielhaft soll hier die Zielearbeit der Teilnehmer genannt sein. Wenn persönliche Ziele der Lernenden im Widerspruch zum Familiensystem stehen, erzeugt dies Konflikte bzw. gefährdet einen der wenigen persönlichen Bereiche, in dem sich das Individuum noch sicher fühlt. Beraterische Interventionen im Familiensystem können zwar erfolgreich sein, allerdings sollte der Lernprozessbegleiter auch hier den Willen der Lernenden respektieren und entsprechende Aktivitäten vorher mit den Beteiligten abstimmen.

4.7. Neue Wege mit Mut beschreiten

Sich von individuell bewährten Verhaltensmustern zu lösen, ist eine große Herausforderung. Dies gilt für Geringqualifizierte ebenso wie für die Mitarbeiter von Bildungsträgern oder der öffentlichen Verwaltung. Nach Jahren der Arbeitslosigkeit, Menschen der Erwerbsarbeit wieder näher zu bringen, erfordert nicht nur von den Betroffenen selbst große Anstrengung, sondern auch von den Bildungseinrichtungen und den öffentlichen Trägern.

In dem dargestellten Projekt war es möglich, in Kooperation mit Bildungseinrichtungen sowie der Arbeitsagentur, Bildungsmaßnahmen zu realisieren, die für sich in Anspruch nehmen, stärker auf die Kompetenzen, Bedürfnisse und Anliegen der Geringqualifizierten einzugehen und diese so wieder für Lern- und persönliche Entwicklungsprozesse zu öffnen. Dies ist nach Einschätzung der Autoren eine Voraussetzung dafür, dass für die Betroffenen langfristig eine sinnvolle Lebens- und evtl. auch Beschäftigungsperspektive entstehen kann.

Das Projekt soll den Lehrenden, Prozessbegleitern und Mitarbeitern in den beteiligten Institutionen Mut machen, sich nicht mit dem Status Quo abzufinden, sondern eigene Aktivitäten bezüglich der Zielgruppe kritisch zu hinterfragen.

Um erfolgreich neue Herangehensweisen zu entwickeln und umzusetzen ist eine enge Kooperation zwischen den involvierten Akteuren notwendig. Nur wenn es gelingt, alle Beteiligten mit ihren spezifischen Interessen und Zielen zu berücksichtigen bzw. durch gegenseitige Offenheit und Transparenz eine Vertrauensbasis zu schaffen, haben innovative Projekte für diese Zielgruppe eine reelle Chance. Hierzu gehört auch der Mut, relevante Vorgaben und Rahmenbedingungen der eigenen Institution offen zu legen. Entstehen können entsprechende Kooperationen nach Erfahrung der Trainer und Berater nur –und dies ist keine neue Erkenntnis- durch direkten persönlichen Kontakt, also auf regionaler Ebene.

Die gesamtgesellschaftliche Herausforderung besteht darin, dass die sich ergebenden Perspektiven für die Geringqualifizierten wirkliche Optionen und keine Illusionen sind. Auch für diesen Bereich erscheinen regionale Aktivitäten der handelnden Akteure angemessener, als auf den „großen Wurf" aus dem politischen System zu warten. Der Politik kommt die Aufgabe zu, regional Gestaltungsspielräume zu eröffnen, um dann, im Sinne der Geringqualifizierten, regional orientierte, anschlussfähige Brücken in eine gesellschaftlich nützliche Funktion zu bauen.

Auf die problematischen Rahmenbedingungen zu verweisen und dies als Argumente zu nutzen, die aktuelle Situation zu konservieren, wird demgegenüber wenig hilfreich sein. Auch ein Quäntchen Glück gehört dazu, innovative Projekte im Bereich der SGM-Maßnahmen erfolgreich zu realisieren. Das Glück steht jedoch am Ende des Prozesses, der Mut zu Handeln und zur Veränderung am Anfang.

Literaturverzeichnis

Akerlof G. A./Shiller, R. J. 2009: Animal Spirits. How human psychology drives the economy, and why it matters for global capitalism. New Jersey.

Autorengruppe Bildungsberichterstattung 2012: Bildung in Deutschland 2012, Bertelsmann Verlag, Bielefeld, (http://www.bildungsbericht.de /daten2012/bb_2012.pdf [Zugriff: 31.07.2013]).

Becker, Rolf 2004: Wandel der Sozialstruktur von Erwerbsverläufen oder: Warum diskontinuierliche Erwerbsbiographien eher Konstrukt als Realität sind, in: Behringer, F./Bolder, A./Klein, R./Reutter, G./Seiverth, A., Diskontinuierliche Erwerbsbiographien, Schneider Hohengehren, Baltmannsweiler.

Bellmann, L./Stegmaier, J. 2007: Einfache Arbeit in Deutschland-Restgröße oder relevanter Beschäftigungsbereich?. In: Perspektiven der Erwerbsarbeit: Einfache Arbeit in Deutschland, WISO Diskurs–Expertisen und Dokumentation zur Wirtschafts- und Sozialpolitik, Bonn, Juni 2007 (http://library.fes.de/pdf-files/asfo/04591.pdf [Zugriff: 31.07.2013]).

Brandt, O. 2008: Beschäftigungsentwicklung gering Qualifizierter abseits der Verdichtungsräume - mehr (Weiter-)Bildung wagen?!. In: NIW-Diskussionspapier 3. Niedersächsisches Institut für Wirtschaftsforschung, Hannover, Oktober 2008 (http://www.niw.de/uploads/pdf/publikationen /NIW_Discussion_Paper_3.pdf[Zugriff: 31.07.2013]).

Bundesagentur für Arbeit 2008: Datenlieferung über XSozial-BA-SGB II: Hinweise zur Datensatzbeschreibung Version 2.5.0 und allgemeine Informationen - Fachliche und technische Hinweise, Infobrief vom 15.08.2008, Nürnberg, (http:// www.pub.arbeitsagentur.de/hst/services/statistik /000200/html/sgb2/ba_infobrief_20080815.pdf [Zugriff: 15.07.2009]).

Clement, U. 2007: Kompetent für einfache Arbeit? Anforderungen an Arbeit in modernen Produktionssystemen. In: Perspektiven der Erwerbsarbeit: Einfache Arbeit in Deutschland, WISO Diskurs–Expertisen und Dokumentation zur Wirtschafts- und Sozialpolitik, Bonn, Juni 2007 (http://library.fes.de/pdf-files/asfo/04591.pdf [Zugriff: 31.07.2013]).

Dilts, R.B.; Epstein, T.; Dilts, R.W. 1994: Knowhow für Träumer. Strategien der Kreativität, Junfermann, Paderborn

Dommer, M. 2009: Transfergesellschaften – Parkplatz für Mitarbeiter, In: faz.net vom 13. Mai 2009, (http://www.faz.net/s/Rub8EC3C0841F93 4F3ABA0703761B67E9FA/Doc~EC34D0F7425D84 58AB2DAF90A2633E809~ATpl~Ecommon~Sconte nt.html [23.07.2009])

Epping, R.; Klein, R.; Reutter, G. 2001: Langzeitarbeitslosigkeit und berufliche Weiterbildung, Didaktisch-methodische Orientierungen, Bertelsmann, Bielefeld.

Hieming, B. u.a. 2005: Stellenbesetzungsprozess im Bereich "einfacher" Dienstleistungen. Abschlussbericht einer Studie im Auftrag des Bundesministeriums für Wirtschaft und Arbeit, Berlin, (http://www.iatge.de/aktuell/veroeff/2005/hie ming01.pdf [Zugriff: 31.07.2013]).

Jäger, A./Kohl, M. 2009: Qualifizierung An- und Ungelernter - Ergebnisse einer explorativen Analyse zum aktuellen betrieblichen Bedarf, zukünftigen Qualifikationsanforderungen und Präventionsansätzen der Bundesagentur für Arbeit, Jenaer Institut für Berufsbildungsforschung & -beratung /Forschungsinstitut Betriebliche Bildung (f-bb) (http:// www.bwpat.de/ profil2/ jaeger_kohl_profil2.pdf [Zugriff: 31.07.2013]).

Kalina, T./Weinkopf, C. 2005: Beschäftigungs-perspektiven von gering Qualifizierten - Gewinne in einigen Dienstleistungsbereichen bei negativem Gesamttrend, IAT-Report 2005-10, Gelsenkirchen (http://iat-info.iatge.de/iat-report/2005/report 2005-10.pdf [Zugriff: 15.07.2009]).

Käpplinger, B. 2005: Kompetenzbilanzierung und Lernberatung: Lernende als Nutzer/innen von Kompetenzbilanzen. In: Klein, R./Reutter, G. (Hrsg.): Die Lernberatungskonzeption. Grundlagen und Praxis. Schneider Verlag Hohengehren, S. 103-111.

Käpplinger, B. 2009: Die Weiterbildungsbeteiligung von Geringqualifizierten – Wie sehen dies die Betriebe in der Altenhilfe?, In: Klein, R. (Hrsg.): „Lesen und Schreiben sollten Sie schon können". Sichtweisen auf Grundbildung. Göttingen, S. 181-192.

Käpplinger, B.; Reutter, G. 2005: Förderliche und hemmende Faktoren bei der Etablierung von Kompetenzbilanzierungen, in: Arajärvi, O./Drubig, R./Gransche, E. u.a.: Kompetenzdokumentationen für informell erworbene berufsrelevante Kompetenzen. Handreichung für die Praxis, Berlin, S. 119-152.

Kemper, M./Klein, R. 1998: Lernberatung, Schneider Verlag Hohengehren.

Klein, R. 2008: Grundbildung in Wirtschaft und Arbeit – mehrperspektivisch. Ein Verbundprojekt stellt sich vor, in: ALFA-FORUM 68/2008.

Klein, R. 2009: Einführung der Herausgeberin, In: Klein, R. (Hrsg.): „Lesen und Schreiben sollten Sie schon können". Sichtweisen auf Grundbildung. Göttingen, S. 7-11.

Kronika, H./Zisenis, D. 2011: Gute Praxis. Berufs- und arbeitsnahe Grundbildungskonzepte und Tools. BAGru-Manual Band 2, bbb Büro für berufliche Bildungsplanung/BEST Institut für berufsbezogene Weiterbildung und Personaltraining GmbH,Dortmund/Wien, (http://www.bagru.eu/ Manual2_Deutsch_Internet. pdf [Zugriff: 31.07.2013]).

Maier, M./Neumann, U./Pomsel, M. 2006: Vorhabenbeschreibung AlphaKU - Neue Beschäftigungsperspektiven für Niedrigqualifizierte in kleinen und mittleren Unternehmen durch Grundbildung und Alphabetisierung, Dresden (unveröffentlicht).

Neumann, U./Pomsel, M. 2006: Lernen gemeinsam neu entdecken. Prozessbegleitung für kleine Unternehmen, in: Aulerich, G./Klein, R./Holtschmidt, I. u.a., Prozessbegleitende Lernberatung - gelebte Lernkultur. Handreichung für die Praxis, Berlin, S. 98-121.

Neumann, U./Pomsel, M./Stanik, T. 2011: Grundbildung im Feld der Arbeitslosigkeit - Zugänge, Gelingungsfaktoren und Effekte in Lernprojekten mit Langzeitarbeitslosen, in: Klein, R./Reutter, G./Zisenis, D. (Hrsg.): Bildungsferne Menschen – menschenferne Bildung? Grundlagen und Praxis arbeitsbezogener Grundbildung, Ifak Verlag, Göttingen.

Nitzsche, L. T./Borner, J. 2008: Kompetenzbilanzierung - ein ressourcenorientiertes Beratungskonzept, Fachbeiträge der Internationale Universität - Kolleg für Management und Gestaltung nachhaltiger Entwicklung, Berlin, (http://www. uinternacio-nal.org/upload/pdf/KompBilanzierung_JB.pdf [Zugriff: 31.07.2013]).

Pätzold, Henning 2011: Preis für Innovation in der Erwachsenenbildung 2011. Laudatio für den Preisträger der Kategorie Arbeits- und Lebenswelt (unveröffentlicht), http://www.giwa-grundbildung.de/Laudatio.pdf [Zugriff: 31.07.2013]).

Pomsel, M. 2009: Alphabund-Forschung zur Alphabetisierung und Grundbildung, In: University of Florence/DIE/IREA (Hrsg.): Inventory of outreach strategies to enable people to go one step up - Final Report Inventory of Good Practices, Florenz, Dezember 2009 (http://ec.europa.eu/education/more-information/doc/2010/lowskill2.pdf [Zugriff: 31.07.2013]).

Reutter, G. 2005: Vom Nutzen und der Nutzlosigkeit beruflicher Bildung für Geringqualifizierte, Deutsches Institut für Erwachsenenbildung, November 2005, http://www.die-bonn.de /esprid/ dokumente/doc-2005/reutter05_01.pdf, [Zugriff am 24.03.2010]).

Reutter, G./Ambos, I./Klein, R. 2007: Neue Lernkonzepte. Selbstorganisiertes Lernen auf dem Prüfstand. Handreichung für die Praxis. Arbeitsgemeinschaft betriebliche Weiterbildungsforschung e.V., Berlin.

Rosenhan, D. 1983: Gesund in kranker Umgebung. Wie wissen wir, was wir zu wissen glauben? Beiträge zum Konstruktivismus. In: Watzlawick, P. (Hrsg.): Die erfundene Wirklichkeit. Piper, München.

Schäfer, M. 2006: Vorwort, in: Strategien gegen Arbeitslosigkeit und Armut: Beschäftigungschancen für Geringqualifizierte. Expertenworkshop der Konrad-Adenauer-Stiftung, St. Augustin, Dokumentation Nr. 153/2006, (http://www.kas.de/ db_files/dokumente/arbeitspapiere/7_dokument _dok_pdf_7921_1.pdf [Zugriff am 25.02.2010]).

Wacker, M. 2004: Beschäftigungstransfer als arbeitsmarktpolitische Reaktion auf zunehmende Diskontinuitäten, in: Behringer, F./ Bolder, A./Klein, R. u.a. (Hrsg.): Diskontinuierliche Erwerbsbiographien. Baltmannsweiler, S. 295-307.

Zeller, B. 2004: Die Zukunft einfacher Arbeit oder: Der Trend zu steigenden Kompetenzanforderungen für "gering Qualifizierte". In: Handbuch der Aus- und Weiterbildung. fbb-Forschungsinstitut Betriebliche Bildung, Nürnberg.

Zimmermann, K. F./Hinter, H./Thalmaier, A. 1999: Ursachen und Wege zur Bekämpfung von Arbeitslosigkeit, In: IZA Research Report Nr. 1, Forschungsinstitut zur Zukunft der Arbeit (Bonn, Mai 1999 (http://www.iza.org/en/webcontent/publications/reports/report_pdfs/iza_report_01.pdf [Zugriff am 01.08.2013]).

Tipps zum Weiterlesen

Behlke, K./Folger, K./Neumann, U./Pomsel, M. 2013: Von der Regel zur Vereinbarung - Grundbildungsangebote am Lernort Betrieb. In: ALFA-FORUM / Zeitschrift für Alphabetisierung und Grundbildung: Soziale und orthographische Regeln. Nr. 83/2013, S. 7-11.

Bolder, A./Epping, R./Klein, R. u.a. (Hrsg.) 2010: Neue Lebenslaufregimes - neue Konzepte der Bildung Erwachsener? Bildung und Arbeit Band 2, Wiesbaden.

Drubig, R./Zisenis, D. (Hrsg.) 2010: Als Person sichtbar werden – Kompetenzbilanzierung und Grundbildung, GiWA-Schriftenreihe Band 2, Ifak Verlag, Göttingen.

Klein, Rosemarie (Hrsg.) (2009): „Lesen und schreiben sollten sie schon können" – Sichtweisen auf Grundbildung, GiWA-Schriftenreihe Band 1, Ifak Verlag, Göttingen.

Klein, R./Reutter, G./Zisenis, D. (Hrsg.) 2011: Bildungsferne Menschen – menschenferne Bildung? Grundlagen und Praxis arbeitsbezogener Grundbildung, GiWA-Schriftenreihe Band 1, Ifak Verlag, Göttingen.

Neumann, U./Pomsel, M. 2009: Chancen und Grenzen der Grundbildungsarbeit in Arbeitsgelegenheiten mit Mehraufwandsentschädigung. In: ALFA-FORUM / Zeitschrift für Alphabetisierung und Grundbildung: Arbeitslosigkeit – Arbeit und Beschäftigung. Nr. 71/2009, S. 20-22.

Die Autoren

Matthias Maier, geb. 1971,
Dipl.-Kaufmann
Berater und Trainer

Mitarbeiter der bsw - Beratung,
Service & Weiterbildung GmbH,
Gruppe Bildungswerk der Säch-
sischen Wirtschaft; Arbeits-
schwerpunkte: Weiterbildung und Coaching für
Führungskräfte; Konzeption und Durchführung
von Trainingsprogrammen für Führungs- und
Nachwuchsführungskräfte

Ulf Neumann, geb. 1969,
Dipl.-Kaufmann
Berater und Trainer

Mitarbeiter der bsw - Beratung,
Service & Weiterbildung GmbH,
Gruppe Bildungswerk der Sächsischen Wirtschaft; Arbeitsschwerpunkte: Personal- und Organisationsentwicklung, Begleitung von Veränderungsprozessen
in Unternehmen, Entwicklung von Ziel- und Lernlandkarten

Marco Pomsel, geb. 1978
Soziologe M.A.
Berater und Trainer

Mitarbeiter der bsw - Beratung, Service & Weiterbildung GmbH, Gruppe Bildungswerk der Sächsischen Wirtschaft; Arbeitsschwerpunkte: Personal- und Organisationsentwicklung, Trainingsprogramme für mittlere und untere Führungskräfte, Verfahren der Kompetenzbilanzierung, Bedarfs- und Potenzialentwicklung

Veröffentlichungshinweis

Das dieser Veröffentlichung zugrunde liegende Vorhaben wurde mit Mitteln des Bundesministeriums für Bildung und Forschung unter dem Förderkennzeichen 01AB072107 gefördert.

Die Verantwortung für den Inhalt des Buches liegt bei den Autoren.

www.tredition.de

Über tredition

Der tredition Verlag wurde 2006 in Hamburg gegründet. Seitdem hat tredition Hunderte von Büchern veröffentlicht. Autoren können in wenigen leichten Schritten print-Books, e-Books und audio-Books publizieren. Der Verlag hat das Ziel, die beste und fairste Veröffentlichungsmöglichkeit für Autoren zu bieten.

tredition wurde mit der Erkenntnis gegründet, dass nur etwa jedes 200. bei Verlagen eingereichte Manuskript veröffentlicht wird. Dabei hat jedes Buch seinen Markt, also seine Leser. tredition sorgt dafür, dass für jedes Buch die Leserschaft auch erreicht wird

Autoren können das einzigartige Literatur-Netzwerk von tredition nutzen. Hier bieten zahlreiche Literatur-Partner (das sind Lektoren, Übersetzer, Hörbuchsprecher und Illustratoren) ihre Dienstleistung an, um Manuskripte zu verbessern oder die Vielfalt zu erhöhen. Autoren vereinbaren unabhängig von tredition mit Literatur-Partnern die Konditionen ihrer Zusammenarbeit und können gemeinsam am Erfolg des Buches partizipieren.

Das gesamte Verlagsprogramm von tredition ist bei allen stationären Buchhandlungen und Online-Buchhändlern wie z. B. Amazon erhältlich. e-Books stehen bei den führenden Online-Portalen (z. B. iBookstore von Apple) zum Verkauf.

Seit 2009 bietet tredition sein Verlagskonzept auch als sogenanntes "White-Label" an. Das bedeutet, dass andere Personen oder Institutionen risikofrei und unkompliziert selbst zum Herausgeber von Büchern und Buchreihen unter eigener Marke werden können.

Mittlerweile zählen zahlreiche renommierte Unternehmen, Zeitschriften-, Zeitungs- und Buchverlage, Universitäten, Forschungseinrichtungen, Unternehmensberatungen zu den Kunden von tredition. Unter www.tredition-corporate.de bietet tredition vielfältige weitere Verlagsleistungen speziell für Geschäftskunden an.

tredition wurde mit mehreren Innovationspreisen ausgezeichnet, u. a. Webfuture Award und Innovationspreis der Buch-Digitale.

tredition ist Mitglied im Börsenverein des Deutschen Buchhandels.

FSC
www.fsc.org

MIX

Papier | Fördert
gute Waldnutzung

FSC® C083411

Zeitfracht Medien GmbH
Ferdinand-Jühlke-Straße 7
99095 Erfurt, Deutschland
produktsicherheit@kolibri360.de